ro
ro
ro

SASCHA LOBO, GEBOREN 1975, ARBEITET FREIBERUFLICH ALS
STRATEGIEBERATER. 2008 SCHRIEB ER MIT KATHRIN PASSIG
«DINGE GEREGELT KRIEGEN – OHNE EINEN FUNKEN SELBST-
DISZIPLIN» (ROWOHLT BERLIN). 2010 ERSCHIEN SEIN ERSTER,
VIELBEACHTETER ROMAN «STROHFEUER». FÜR SPIEGEL ONLINE
SCHREIBT ER EINE WÖCHENTLICHE KOLUMNE ÜBER DIE
DIGITALE WELT. IN SEINER FREIZEIT ZEST ER NEUE WORTE, SEIN
STECKENPFERD SEIT SEINER BESCHÄFTIGUNG MIT PLIASMEN
(DEM FREMDWORT FÜR «ERFUNDENE FREMDWÖRTER»).

NEON ERSCHEINT MONATLICH IM VERLAG GRUNER + JAHR.
DAS VIELFACH AUSGEZEICHNETE MAGAZIN VERÖFFENTLICHT
DIE RUBRIK «WORTSCHATZ» SEIT MÄRZ 2010 IN JEDER AUSGABE.
DIESES BUCH IST DIE ERSTE UND EINE SEHR ERFREULICHE
ZUSAMMENARBEIT MIT DEM AUTOR SASCHA LOBO.

NEON
SASCHA LOBO

WORTSCHATZ
698
NEUE WORTE
FÜR ALLE
LEBENSLAGEN

Rowohlt Taschenbuch Verlag

ORIGINALAUSGABE
VERÖFFENTLICHT IM ROWOHLT TASCHENBUCH VERLAG,
REINBEK BEI HAMBURG, NOVEMBER 2011
COPYRIGHT © 2011 BY ROWOHLT VERLAG GMBH,
REINBEK BEI HAMBURG
UMSCHLAGGESTALTUNG FRANK HÖHNE & JI-YOUNG AHN
ILLUSTRATIONEN FRANK HÖHNE
GRAPHIK JI-YOUNG AHN
SATZ AUS DER FINNEGAN UND NOBEL
DRUCK UND BINDUNG CPI – CLAUSEN & BOSSE, LECK
PRINTED IN GERMANY
ISBN 978 3 499 62823 8

INHALT

INHALT

EINLEITUNG

Unangefochten auf dem ersten Platz steht aber die allererste Erfindung, die der Mensch überhaupt gemacht hat: die Sprache.

Beinahe enttäuschend ist es, dass viele tausend Jahre Zivilisation es nicht geschafft haben, eine größere, famosere, folgenreichere Erfindung in die Welt zu setzen als das Wort. Sprache steht am Anfang jedes Lebens, die Entwicklung des Gehirns wird durch sie geprägt. Es gibt sie in allen Farben und Formen, von Gebärdensprache über Schriftsprache bis Geheimsprache in Hunderttausenden Variationen und Dialekten. Worte sind die DNA des Denkens.

Sogar das meistimregalstehende Buch der Welt, die Bibel, gibt in der Schöpfungsgeschichte einen Hinweis auf die beste aller Erfindungen. Im ersten Buch Mose im Alten Testament heißt es: «Im Anfang schuf Gott die Himmel und die Erde», wobei «die Himmel» nicht falsch ist, sondern Plural. Im zweiten Satz wird im Dunklen en passant das Wasser eingeführt, aber schon der dritte Satz lautet: «Und Gott sprach: Es werde Licht!» Man muss weder Sprachwissenschaftler noch Christ sein, um aus diesem Satz zu schließen: aus biblischer Sicht wurde die Sprache noch vor dem Licht erfunden, und das ist schon verdammt früh. Im Neuen Testament im Johannes-Evangelium steht sogar «Im Anfang war das Wort» und «Alles ist durch das Wort geworden».

I

n den Top Ten der besten Erfindungen der Menschheit streiten sich die Zentralheizung, das Internet und der Buchdruck um die vorderen Plätze. In der Mitte tummeln sich das Rad, die Elektrizität und Weißwein. Etwas abgeschlagen folgt das Penicillin. Weiter hinten auf Rang neun und zehn versuchen Klavier und Ottomotor das Fahrrad, die Hose und den Kopfhörer aus den Top Ten zu halten.

Von Beginn an war Sprache ein Evolutionsvorteil. Das manifestiert sich zum Beispiel in den Sätzen: «Vorsicht, ein Felsen!» oder «Leg doch unser

Baby bitte nicht neben den Säbelzahntiger». Zum Glück war die erste und beste Erfindung der Menschheit keine, die fertig vom Himmel gefallen ist. Stattdessen wird die Sprache ständig weiterentwickelt. Die Funktion von Sprache ist so vielfältig wie die Welt selbst, jeder Fortschritt bedeutet automatisch auch eine Weiterenwicklung der Sprache. Schon um zu benennen, was da gerade erfunden oder entdeckt wurde.

Die Arbeit an der Sprache, die Entwicklung neuer Worte ist deshalb wichtiger Bestandteil der Zivilisation, also der Gesamtheit allen Zeugs, das der Mensch in die Welt gestemmt hat, um ein irgendwie besseres Leben zu führen. Aus keinem anderen Grund als der Verbesserung des Lebens und damit der Welt führt NEON eine Rubrik, die sich Wortschatz nennt. Darin stehen nabelneu erfundene Worte, die bisher einfach gefehlt haben. Mit einem ausreichend guten Kurzzeitgedächtnis ausgestattete Leserinnen und Leser erinnern sich, die anderen dürfen nachschlagen: Wortschatz steht auch auf dem Umschlag dieses Buchs.

Das ist selbstredend programmatisch zu verstehen. Wie die NEON-Rubrik Wortschatz, so versammelt auch das vorliegende Buch «Wortschatz – 698 neue Worte für alle Lebenslagen» neue Worte für alle Lebenslagen. Zugegeben: der Begriff «alle» kommt etwas übertrieben und spektakulär daher. «698 neue Worte für mittelviele Lebenslagen» wäre vielleicht ehrlicher und bescheidener gewesen, aber der Zug ist ja nun abgefahren. Tatsächlich soll dieses Buch helfen, sich besser zurechtzufinden in einer

Welt, in der jeden Tag mehr passiert, als auf den größten Server passt.

48,9 Prozent ihrer Wachzeit (Schätzwert) beschäftigen sich volljährige Personen in Mitteleuropa mit etwas, das es vor zwanzig Jahren noch nicht gab. Nicht volljährige Personen sind sogar selbst etwas, das es vor zwanzig Jahren noch nicht gab. Ein sicheres Zeichen dafür, dass neue Worte dringender benötigt werden als je zuvor.

ABER NEUE WORTE ERFINDEN – GEHT DAS EINFACH SO? NAJEIN.

Ein kurzer Blick auf die Geschichte der Worterfindung lohnt an dieser Stelle. Kinder denken sich ständig neue Worte aus, wenn sie ihre Muttersprache lernen. Aus Falschverstehnissen, Sprechschwierigkeiten und Zufällen entsteht eine Melange, die zur privaten Sprachkultur jeder Familie gehört. Jahre später erzählen Eltern dann im ungünstigsten Moment, bei der Vorstellung neuer Lebenspartner, mit welchen selbsterfundenen Worten man als Kind den Gang aufs Töpfchen kommentiert hat. Ansonsten wirkt die erste Freude bei der Weiterentwicklung der Sprache kaum nach. Leider.

Für Erwachsene haben sich im 20. Jahrhundert drei große Quellen von Wortneuschöpfungen etabliert:

- *technischer Fortschritt*
- *Werbung*
- *Jugendkultur*

Die Jugendkultur ist außerordentlich aktiv in der Erfindung neuer Worte und Wendungen. Deren Verwendung ist allerdings für Außenstehende ge-

fährlich. Bis auf einige ausgewählte Fernsehsendungen gibt es nichts, womit man sich als Erwachsener noch peinlicher zum Horst machen kann als mit der Verwendung von Jugendsprache. Nur ab und zu schwappt ein Begriff ohne Horstgefahr vom Schulhof oder aus den Chaträumen in die Restwelt, zum Beispiel das dritthässlichste Wort der Neuzeit: simsen.

Die Werbung ist der zweite Hort der Sprachschöpfer. Diejenigen, die mit ihren Ideen Medien, Märkte und Menschen in ständiger Wallung halten, werden oft gleichzeitig unter- und überschätzt. Denn selbst mit neuen, wohlklingenden Worten kann man keine schlechten Produkte verkaufen. Aber schon mittelgute Produkte verkaufen sich viel besser, wenn man sich eine fadenscheinige Begründung dafür ausdenkt – und die enthält häufig ganz neue Begriffe. Denn Sprache bestimmt das Bewusstsein. Schnell wurde «porentief rein» in Werbespots als Steigerung von «sauber» umgedeutet: andere Waschmittel machen bloß sauber, das geben sie ja selbst zu, unseres dagegen macht sogar porentief rein. Kaufen! Wegen der Wortschöpfung «porentief rein» wurde allein 1974 in Deutschland mehr Waschmittel verkauft als wegen der Modestörung Waschzwang im ganzen 20. Jahrhundert. Aber aus Marketinggründen erfundenen Worten haftet ein Makel an. Man fühlt sich schnell als laufender Werbespot missbraucht und benutzt sie deshalb eher ungern oder höchstens ironisch.

Die dritte, große Quelle neuer Worte ist vermutlich die derzeit prägendste: neue Technologien. Zwischen Computer und Internet sind in den letzten

Jahren eine Vielzahl von Begriffen entstanden, die das Leben der meisten Leute beeinflussen. Zum Beispiel das «Handy», ein schönes, scheinenglisches Wort, vermutlich erfunden von einer Sekretärin der Deutschen Post als Abkürzung für das englische «handheld».

Im Normalfall sind bei der Benennung neuer Technologien ein Haufen Ingenieure im Raum. Dann entstehen abkürzende Zeichenfolgen wie «MP3» oder «TFT»-Screen, die gut funktionieren, aber den Charme einer Betriebsanleitung versprühen. Ganz wie Ingenieure es lieben. Seltener sind geschmeidig klingende Wortschöpfungen wie Pixel. Dieses Wort stammt wahrscheinlich aus einer amerikanischen Patentschrift von 1965 und ist zusammengesetzt aus «picture» und «element». Streng genommen müsste man Pixel auf Deutsch als Kofferwort aus Bild und Element übersetzen, also zum Beispiel mit «Biment». Aber das hört sich sogar für an Bekloppheit gewohnte Ohren zu bekloppt an. Neue Worte aus der Technologie sind oft sperrig, Pixel ist da eher ein zufälliger Erfolgstreffer, und man muss froh sein, dass es nicht Picel heißt. Aber in ihrer Sperrigkeit zeigen diese neuen Worte immerhin wahrheitsgemäß an, dass Technologie eine komplizierte Welt ist.

Wenn es ungünstig läuft, schaltet sich bei der Neuwortentwicklung für Technik eine Marketingabteilung ein. Die besteht darauf, dass das neue Wort in den gängigsten tausend Sprachen einfach auszusprechen, kindersicher, selbsterklärend, positiv, modern und vor allem patentierbar ist. Solche Worte gibt es natürlich

nicht. Ein beliebiger ausgedachter Begriff hört sich in irgendeiner Sprache immer so an wie «Pupsnudel», «Fischbrötchengestank» oder «Arsch». **Da steht man dann, hat eine weltbewegende Erfindung gemacht, und Millionen Leute lachen einen aus, weil sie wegen eines ahnungslosen Praktikanten in einem Teil von Asien heißt wie eine Geschlechtskrankheit.**

Eine kleine Gruppe von Sprachschöpfern aber operiert außerhalb der drei großen Bereiche Jugend, Werbung und Technik. Sie betrachten die Entwicklung neuer Worte als Selbstzweck. Die Welt zu erforschen war immer ein Bedürfnis der Forscher und Abenteurer. Entweder waren sie selbst Schreiber, oder sie wurden von einem begleitet, denn zur Erschließung des Unbekannten gehört auch immer dessen Benennung. Die Entdeckung Amerikas wäre ohne einen treffenden Namen für den neuen Kontinent der Öffentlichkeit kaum vermittelbar gewesen. Aber nicht nur die Natur, auch die Kultur möchte erforscht und benannt werden. Neue gesellschaftliche Entwicklungen müssen in Worte gefasst, neue Zusammenhänge mit einem neuen Wort auf den neuen Punkt gebracht werden.

Das ewige Vorbild, der Abgott der Worterfinder, ist ein Mann, dem jedes deutschsprachige Worterfindungsbuch zwingend gewidmet sein muss: Philipp von Zesen. Noch immer ist er zu vielen Leuten unbekannt. Es gibt nicht einmal eine Philipp-von-Zesen-Straße in Deutschland. Nur einen Philipp-von-Zesen-Gedenkwanderweg bei Raguhn-Jeßnitz, wie zum Hohn. Dabei hat Philipp von Zesen die deutsche Sprache mit seinen Worterfindungen geprägt wie niemand anderes.

Unter dem Deckmäntelchen, Worte aus dem Französischen zu übersetzen, ging er seiner Worterfindungsleidenschaft nach und erschuf Hunderte neue Worte. Da er 1619 geboren wurde, lässt sich eine unter Umständen zugrundeliegende Franzosenfeindlichkeit als verjährt betrachten. Dann kann man sich erfreuen an der Vielzahl seiner hervorragenden Worte. Dazu gehören:

ABSTAND

ANSCHRIFT

AUGENBLICK

AUSFLUG

BESPRECHUNG

BÜCHEREI

EMPORKÖMMLING

ENTWURF

FREISTAAT

GOTTESHAUS

GRUNDSTEIN

KREISLAUF

LEIDENSCHAFT

LETZTER WILLE

MUNDART

NACHRUF

RECHTSCHREIBUNG

STERBLICHKEIT

VERFASSER

VOLLMACHT

WELTALL

Leicht erkennt selbst der Laie, dass sich Worterfindungen nicht nur kurzfristig durchsetzen können, sondern auch über lange Zeit erhalten bleiben. Jeder, der Rechtschreibung sagt, transportiert – meistens unbewusst – ein bisschen Philipp von Zesen mit. Vielleicht gibt es deshalb auch keine nach ihm benannte Straße, weil er irgendwie schon in allen Köpfen vorhanden ist. Was es aber geben muss – supermuss! –, ist ein nach ihm benanntes Wort. Es soll das Grundsteinwort für dieses Buch sein und gleichzeitig eine Hommage:

ZESEN

Zesen bedeutet, neue Worte zu erfinden. Benannt ist es nach Philipp von Zesen, der im 17. Jahrhundert viele noch heute in Betrieb befindliche Worte zeste. Zesen ist aber mehr als nur ein Wort; zesen ist auch eine Kulturtechnik, die immer wichtiger wird. Und schon bald wird aus dem früheren Dreiklang der Bildung ein gereimtes Wortquartett:

RECHNEN UND LESEN,
SCHREIBEN UND ZESEN.

ARBEIT & BÜRO

«ZITATE, GESPRÄCHE UND BEOBACHTUNGEN AN ORT UND STELLE BILDEN DEN GRUNDSTOCK DER ARBEIT. SIE WOLLEN NICHT ALS EXEMPEL IRGENDEINER THEORIE, SONDERN ALS EXEMPLARISCHE FÄLLE DER WIRKLICHKEIT GELTEN. DIE ARBEIT IST EINE DIAGNOSE UND VERZICHTET ALS SOLCHE BEWUSST DARAUF, VORSCHLÄGE FÜR VERBESSERUNGEN ZU MACHEN.»

O

hne die Gewöhnung an Umstände und Kollegen wirkt jedes Meeting wie eine wirre Zusammenkunft Geistesschwacher:
«Haben wir schon results für Q2?»
«Ja, und Sales performt schon wieder under!»
Passend zu dieser lächerlichen Nichtkommunikation sind auch noch 90 % aller Arbeiten im Büro vorgetäuschte Scheintätigkeiten zur Selbstvergewisserung der eigenen Nützlichkeit. Im besten Fall haben sie gar keine Folgen. Im nicht einmal schlechtesten Fall machen sie weitere Scheintätigkeiten erforderlich. Büroarbeit am Anfang des dritten Jahrtausends ist abgesehen vom notwendigen Geldverdienen die kollektive Illusion, man sei geschäftig und betriebsam im Geschäft oder Betrieb, während man in Wirklichkeit einen Lebenspartner sucht oder jemanden, um den Lebenspartner zu betrügen, oder wenigstens einen Grund, um zu saufen.

IM VORWORT VON «DIE ANGESTELLTEN» SCHREIBT SIEGFRIED KRACAUER SCHON 1930:

Ohne dass er es auch nur ansatzweise so gemeint hätte, muss man Kracauer heute zustimmen: Arbeit ist eine Diagnose. Das passt zu der Betrachtungsweise von Arbeitsphilosoph Frithjof Bergmann, den man tatsächlich so schreibt und der die klassische Arbeit als «eine Form der milden Krankheit» betrachtet. Jedenfalls ist das, was wir alle jeden Werktag im Büro tun oder zumindest tun sollten, vielleicht alltäglich, aber nicht normal.

Wenn man bereits so tief in diesem Schlamassel namens Job steckt, dass jeder Meteoriteneinschlag eine willkommene Verbesserung wäre, dann ist man es sich wenigstens selbst schuldig, die Dinge beim Namen zu nennen. Und zwar gerade die Dinge, die noch gar keinen Namen haben, weil die werktätige Bevölkerung aus einer Jobschockstarre heraus bisher nicht zur Benennung kam. Und weil jeden Tag neuer, bis dahin unbekannter Irrsinn entsteht, der endlich mal benannt werden müsste: Voilà.

NOBBING

Unter Nobbing leidet man, wenn man im Bekanntenkreis als Einziger keine zermürbende Mobbing-Geschichte mit brüchiger Stimme vortragen kann, weil man noch nie gemobbt wurde. Nobbing-Betroffene berichten häufig von einem unbestimmten Gefühl, irgendwie ausgeschlossen zu sein; erste Fälle von Berufsunfähigkeit wegen Nobbing werden derzeit vor den Gerichten verhandelt.

iGESCHLAFEN

Zustand derjenigen Körperteile, die durch überlange Klositzungen mit dem iPhone einschlafen.

ICH-GBR

Selbständige, deren Verdienst zu gering für eine anständige Ich-AG ist, müssen sich mit einer Ich-GbR begnügen. In der Regel vereinigen sich in der Ich-GbR die ärgerlich langen Arbeitszeiten der Selbständigen mit der ärgerlich intensiven Abhängigkeit der Angestellten, weil der einzige regelmäßige Kunde aus seinen scheichhaften Ansprüchen absolut keine scheichhafte Bezahlung ableiten möchte.

TEEKO

Mit dem wichtig anmutenden Ausruf «Herr Vonnebrink bitte sofort in die Teeko» kann man jeden Kollegen aus komplizierten Situationen befreien, ohne zu lügen. Die Teekonferenz findet, wie der Name bereits andeutet, in der Teeküche statt.

FEIERTRAGISCH

Wie es sich anfühlt, an einem Tag zu arbeiten, der in praktisch allen anderen Bundesländern ein Feiertag ist.

EDV

Abkürzung für Einigung Deutscher Verhinderer. EDV ist eine von Welthass getriebene Sekte mit dem selbstgewählten Auftrag, das Land in die kollektive Verzweiflung zu treiben. Die EDV wurde vom Verfassungsschutz bereits 2003 als staatsgefährdend eingestuft; wegen eines bisher unaufgeklärten Datenverarbeitungsfehlers im Zentralsystem der Behörde fand diese Tatsache jedoch nie den Weg in die Öffentlichkeit.

EGOLF

Oberhalb des mittleren Managements dehnt sich der Ich-Wettstreit vom Büro auf den Golfplatz aus. Nicht zum Spaß, sondern als Zeichen ihrer Elitenzugehörigkeit und für das eigene Ego spielen Führungskräfte Egolf. Das ausgeklügelte Regelwerk dieses Ich-Sports wurde bisher nicht schriftlich niedergelegt: die 15.000 Mitglieder des zuständigen Egolf-Verbands konnten sich bei 15.000 internen Bewerbungen noch nicht auf einen Vorstand einigen.

ABTEILUNGSLEIDER

Das kollektive Bedauern der gesamten Abteilung über die Beförderung der falschestmöglichen Person zum Chef.

ALTER!

Ausspruch der Erkenntnis, wenn man das erste Mal ausgerechnet hat, wie viel Rente man bekommt, wenn man mit vermutlich 82 Jahren in den Ruhestand treten wird.

ABKOTEN

Weniger gebräuchliche Abkürzung für «an einer **A**rbeits**ko**nferenz **t**eilnehme**n**».

KRALLENZANGE

Dem Aussehen nachempfundene Bezeichnung für den kleinen, scherenähnlichen Gegenstand, der auf jedem Büroschreibtisch liegt, von dem aber niemand weiß, wie er heißt oder wofür er gut sein soll. Das Gerücht, man könne mit diesem Gegenstand Heftklammern aus dem Papier ziehen, hat sich in langjährigen Praxistestreihen als absurde Fehlinformation erwiesen.

TELETIC

→ (*auch:* HANDYZUCKEN)
Das nervöse Zucken zum eigenen Telefon, sobald irgendwo ein Handy klingelt. Gegen den Teletic hilft es erwiesenermaßen nicht, sein eigenes Gerät auf einen absonderlichen Klingelton einzustellen, da das Gehirn seit den 90er Jahren neuronal auf die gleichen zehn Klingeltöne konditioniert ist. Bei Patienten im fortgeschrittenen Stadium des Teletics sind bereits Handyzuckungen beobachtet worden, wenn im Radio klingeltonähnliche Melodiefolgen zu hören sind. Der Teletic ist nur durch vollständige Taubheit heilbar und kann in Verbindung mit einem klingeltonähnlichen Tinnitus direkt in den Wahnsinn führen.

AOS

Mit AOS wird diejenige Abteilung in Großunternehmen bezeichnet, von der niemand weiß, was sie genau macht. Auf Nachfrage bei Mitarbeitern der AOS werden die Buchstaben A, O und S nach einem Zufallsprinzip mit verschiedenen Bedeutungen belegt. Die beliebtesten Kombinationen lauten:
- *Augmentive Operational System*
- *A-Level Organisation & Service*
- *Automated Overview Streamlining*

Tatsächlich ist AOS ein bundesweit akzeptiertes Akronym für Abteilung ohne Sinn.

PRAKTIVITÄTEN

Sammelbegriff für diejenigen Arbeiten, die durch Praktikanten ausgeführt werden, also alle Tätigkeiten außer Dienstreisen.

AUFZUCK

Der kurze Moment des Zusammenzuckens, wenn ein äußerst unsympathischer und geruchlich herausfordernder Kollege droht mit in den Aufzug zu steigen.

MARKETINGELN

Das ständige Umherschwirren derjenigen Mitarbeiter, die außer der Entscheidung über die Farbe des Firmenfuhrparks praktisch nichts zu tun haben und diesen Umstand durch geschäftiges Herumlaufen zu verbergen versuchen. Die moderne Firmenforschung sieht im Marketingeln eine privatwirtschaftliche Entsprechung zur Arbeitsbeschaffungsmaßnahme und warnt dringend vor einer Regulierung. Die Entwicklung anderer Mechanismen der Arbeitsvortäuschung könnt kaum abseh- und bezahlbare Auswirkungen auf die Marketingabteilungen der Republik haben.

WEIHNACKTFEIER

Jede Betriebsweihnachtsfeier nach zwei Uhr morgens.

PRÄSENTARIAT

Das Präsentariat bezeichnet die Horden unterbezahlter Agenturmitarbeiter. In der Regel hängen sie der Illusion an, dass sich mit intensivem Arbeitseinsatz die Chancen auf eine Übernahme in die Festanstellung erhöhen.

VERBOSSEN

Der Prozess der Verbossung beginnt in den meisten Fällen bereits, wenn ein Mitarbeiter eine Beförderung in Aussicht gestellt bekommt und deshalb seine Kollegen auf Vorrat schlecht behandelt. Mit der Ernennung zum Chef verbosst eine Person schließlich unwiderruflich, bietet seinen exbefreundeten Neuuntergebenen das Sie an und verhält sich auch sonst in jeder Hinsicht krawattig. Verbossung gilt als einzige Krankheit, wegen der sich andere krankschreiben lassen.

KRAWATTIG

Es muss die Ironie des Wortgottes sein, dass Krawalle und Krawatte derart ähnliche Wörter sind. Denn krawattig sind Leute, deren Portrait auf der Unternehmenswebsite auch durch eine Krawatte ersetzt werden könnte, und niemand würde es bemerken.

ANZÜG

Das unverschämt zeigefreudige Kostüm der attraktiven Kollegin aus der Buchhaltung. In der Regel liegt der Anzüg so eng an, dass er nicht nur der Trägerin, sondern auch allen anderen die Luft abschnürt.

KOSTENSTILLE

Die ausgedehnte Phase der Lautlosigkeit, wenn in einem Unternehmen die Frage nach der Kostenstelle aufkommt, kurz: wer das Projekt eigentlich bezahlt.

KANTOFFEL

Bei der Kantoffel handelt es sich um einen entfernten Verwandten der Kartoffel, der bereits bei der Ernte extrem mehlig und vollkommen geschmacksfrei ist und deshalb in den Kantinen der Welt bevorzugt eingesetzt wird. Die Verwendung von Kantoffeln ist nach dem immer noch gültigen Kölner Kantoffelkonkordat von 1673 ansonsten nur in der Schweinezucht und in Universitätsmensen erlaubt.

ARBEITS-LOSER

Dieser deutsch-englische Mischbegriff entstand, als Anfang des Jahrtausends weite Teile der latent neoliberalen Mittelschicht allen Ernstes der Ansicht waren, dass Arbeitslose selbst an ihrem Zustand schuld seien.

EXCEM

Allergische Reaktion auf Excel. Excel ist unterdessen gesundheitsamtlich als einziges Virus anerkannt, das vom Computer auf den Menschen übertragen wird und in manchen Firmen einen Verbreitungsgrad von 104 % (bei Einberechnung freier Mitarbeiter) erreicht.

SCHMEETING

Kurzform für Scheißmeeting. Aus jedem Meeting kann binnen Sekunden ein Schmeeting werden, in der Geschichte des Kapitalismus ist aber noch niemals aus einem Schmeeting wieder ein Meeting geworden.

LAUFGABEN

Laufgaben sind Aufgaben, bei denen man trotz aller digitalen Vernetztheit im Büro herumlaufen muss, soll, kann oder will. Laufgaben eignen sich für Tage, an denen man sonst gar nichts hinbekommt, ebenso wie für Kollegen, die schon mit dem Starten eines Computers überfordert sind und einfach zu erzielende Erfolgserlebnisse benötigen. Laufgaben haben den Vorteil, dass durch die vielen Kontakte beim Herumlaufen in der Firma der Eindruck eines hohen Beschäftigungsvolumens verbreitet wird. Aber auch den Nachteil, dass – für alle offensichtlich – das Geldsammeln für das Abschiedsgeschenk des 82-jährigen Zeitarbeit-Pförtners nur sehr, sehr indirekt zum Unternehmenserfolg beiträgt.

€UROZENTRISMUS

Bildungsbürgerlicher Euphemismus für Geldgier.

REnte

Blüm'sche Falschmeldung, nach der die Rente sicher sei.

REISEKOSTEN-ABRECHNUNG

Bei diesem scheinbar bereits existierenden Wort handelt es sich in Wahrheit um eine der perfidesten Erniedrigungsmethoden der westlichen Arbeitswelt, vergleichbar nur noch mit Windows 95, die meist nur unter Zwang und Androhung ernster Konsequenzen ausgeführt wird. Auf gewerkschaftlichen Druck hin soll das Reisekostenabrechnen in der nächsten Auflage der Genfer Konven-

tion zu den Massenverpflichtungs-
waffen gezählt werden, um ein allge-
meines Verbot oder wenigstens eine
Gefahrenzulage bei der Ausfüllung
zu erreichen.

STEUERVERKLÄRUNG
Die völlig aussichtslose, aber stets
wiederkehrende Hoffnung, dass
dieses Mal keine Steuernachzahlung,
sondern sogar eine Rückzahlung
herauskommen würde, wie man Pi
mal Stinkefinger bereits ausgerechnet zu haben glaubt. Bei Selbständigen führt die Steuerverklärung
regelmäßig zur Privatinsolvenz oder
zur Fremdenlegion.

SABBERTJAHR
Umgangssprachlich für Elternzeit.

URLAU
**Die dreiste Hoffnung des Chefs,
man würde seinen Urlaubsanspruch
für lau verfallen lassen. Leider hat
er damit wegen der unanständig
knapp bemessenen Streichungsfrist
von nur wenigen Jahren meistens
sogar recht.**

BUCHBEHALTUNG
**Virtuelle Abteilung derjenigen
Mitarbeiter (Buchbehalter), die sich
Bücher leihen, ohne sie je wieder
zurückzugeben.**

EINZELLBÜRO
Die Art von Kammer, die man bei der
Verhandlung mit dem Chef als «Ein-
zelbüro» angepriesen bekommt, die
dann aber nur aus eilig zusammen-
geklebten Rigipsplatten mit Fertigtür

in Zellengröße besteht (biologische
Zellen, nicht etwa Gefängniszellen).
Durch die geringe Dämmkraft der
papierdünnen Wände verbindet das
Einzellbüro den Hauptnachteil des
Großraumbüros (Lärm) mit dem
Hauptnachteil des Einzelraums (klaus-
trophobische Ausmaße).

BÜROCKER
**Die coole Sau aus Abteilung VI, der
Friedrich Merz der Firma, der Tee-
küchencharmeur und Betriebsaus-
flugs-Casanova. Der Bürocker zieht
sein gesamtes Selbstbewusstsein
aus der Tatsache, dass es in jeder
Firma ebenso traurige weibliche
Gestalten gibt, die ihn aus Verzweiflung oder Langeweile mit vorge-
täuschter Anhimmelei belohnen.**

SCHWANGERSCHAFFEN
Spezielle Arbeitsweise, bei der mit
dem schwangeren Bauch bewusst
anstrengend erscheinende Arbeiten
vorgenommen werden, um positive
Aufmerksamkeit und Mitleid der
Kollegen zu erregen. Funktioniert in
den Augen der Schwangerschaf-
fenden selbst immer, in denen der
Kollegen nie. Es muss allerdings
hinzugefügt werden, dass ausnahms-
los jede Aktivität schwangerer
Frauen von der Mehrheit der Nicht-
schwangeren als falsch oder unklug,
auf jeden Fall jedoch als tadelnswert
angesehen wird.

RÜCKENTAG
**Der Tag zwischen Feiertag und
Wochenende, an dem man sich
wegen Rückenschmerzen krank-
meldet.**

RENTENBESCHEISS

Erst wenn man die inzwischen Rentenbescheid genannte Abrechnung bekommt, erkennt man, dass das «ß» am Schluss des ursprünglichen Worts seinerzeit vom Kabinett Kohl II aus Gründen der Volksberuhigung durch ein weniger offensives «d» ersetzt worden ist.

BÜROFLICH

Büro, beruflich, wer soll das auseinanderhalten können? Niemand, und deshalb gibt es dieses Wort.

RODIOT (GEBELPT)

Ein wallisches Holz- oder Metall-Gebrock mit verschraubter Hörristik und einem in der Regel mechanischen Geschlunder. Ungebelpte Feinstoff-Rodioten gelten bei Kennern in Europa als verpönt, in Asien hingegen als Delikatesse.

FEUCHTAKQUISE

Die Feuchtakquise oder feuchte Akquise hat zwei Dimensionen der Schlüpfrigkeit. Die erste beruht darauf, dass die meisten Geschäfte nicht im Meetingraum, sondern an der Hotelbar getätigt werden. Dabei versuchen die Geschäftspartner per Alkoholvergiftung die Erträglichkeit der zukünftigen Zusammenarbeit mit dem Geldwert der Leistung in Einklang zu bringen. Die Leistung selbst spielt dabei nur eine untergeordnete Rolle. Sie ist in den meisten Fällen austauschbar, außer bei der Feinschlosserei Bückenberg & Compagnie aus Beutenbüttel im Südharz, die tatsächlich die besten Gewinde-Flanschmuffen aus 1000er Titanstahl

fertigt, die am Weltmarkt zu beziehen sind. Die zweite Dimension der Schlüpfrigkeit ist noch wesentlich schlüpfriger als die erste, denn hierbei wird die feuchte Akquise im Hotelzimmer fortgeführt.

BÜROHKOST

Die angeblich leichten Salate, die vorzugsweise abnehmwillige Kollegen in der Mittagspause verzehren – durchtränkt von einer Salatsoße, mit deren Kaloriengehalt man die Polkappen drei Winter lang eisfrei halten könnte.

TELEWEG

Per Telefon und per Mail nicht zu erreichen sein, obwohl man dort ist, wo man immer ist, und es auch alle ahnen. Im Zeitalter von Mail, Handy, SMS und ständiger Erreichbarkeit muss die Gesellschaft diese Form der Abwesenheitslüge tolerieren. Nur Narren und Verzweifelte fangen in diesem Fall an, mit unterdrückter Rufnummer anzurufen, bei Kollegen nachzufragen oder sogar auf Facebook nachzusehen, woraus sich regelmäßig äußerst unangenehme Situationen für alle Beteiligten ergeben.

PROBEZEITARBEIT

Eine neue Form der Zeitarbeit, die sich unübernommen von Probezeit zu Probezeit hangelt und deshalb nur Sechsmonatsverträge kennt.

WETTBEWERBEN

Studentische Freundeskreise üben sich regelmäßig im Wettbewerben, wenn jeder aufzählt, wie viele erfolglose Bewerbungen sie oder er bereits abgeschickt hat. Faustregel: Je erfolgloser im Wettbewerben, desto Doktorarbeit.

UNTERLASTUNG

Die Überlastung ist als Gefahr bekannt, das spezifische Wort für den darauf folgenden Tod – Karoshi – gehört längst zusammen mit Sushi und Yakuza zu den am häufigsten verwendeten japanischen Begriffen in Deutschland. Die große Gefahr der Unterlastung wird bisher aber viel zu selten thematisiert. Die bohrenden Zweifel, ob man Montag, Mittwoch oder Freitag als freien Wochentag installieren sollte oder das lieber situativ entscheidet. Das peinigende Gefühl, mit dem ersten Bier nach Feierabend noch Stunden warten zu müssen, weil es erst 14 Uhr ist. Das nervenerschütternde, ersatzlose Wegfallen jeder Möglichkeit, darüber zu klagen, dass man sich nicht spontan an einem Wochentag in die Sonne legen kann, weil man sich an einem Wochentag spontan in die Sonne legen kann. Unterlastung ist eine schwere Bürde. Wenn auch vielleicht nicht ganz so schwer wie Überlastung.

LEBENSLÄUFIG
den aufgegeilten Lebenslauf betreffend

BLACK-UP

Dieses Mischwort aus Black-out und Back-up bezeichnet diejenige Sicherungskopie, von der man geschworen hätte, dass man sie rechtzeitig gemacht hat, die sich aber aus rätselhaften Gründen als derart nicht vorhanden erweist, dass man sie unter Schmerzen als eingebildet verbuchen und stattdessen das vorhandene Back-up von vor sieben Monaten benutzen muss. Drei bis fünf Jahre später findet sich das Black-up in der Regel an den abstrusesten Orten, etwa völlig falsch benamt im Pornoordner.

BÜROKLAMM

Es sind immer die Gleichen, die ihr «Portemonnaie vergessen» haben, just in diesem Moment «kein Kleingeld zur Hand» haben oder sich «dieses eine Mal noch etwas leihen» wollen: die Kollegen nämlich, die grundsätzlich büroklamm sind.

OFFICEWORDEXCEL-POWERPOINT

Büro- und Lebenslaufsprache für die sichere Beherrschung des Anschalters beim Computer und die motorische Sicherheit beim Führen der Maus.

KRANKFEUERN

Was der Chef macht, wenn er einen beim Krankfeiern erwischt.

KAFFEERIEN MACHEN

Bei manchen Kollegen dauert die Kaffeepause eben etwas länger.

GEHHEIMBEZIEHUNG

Kollegen, die ebenso krampfhaft wie erfolglos
versuchen, ihre Beziehung am Arbeitsplatz
geheim zu halten, indem sie zu verschiedenen
Zeiten aufbrechen.

ARBEIT & BÜRO

DAS DONALD-DILEMMA

In einer beliebig großen Gruppe von Kollegen erwischt man selbst stets ein defektes Gerät. Das Donald-Dilemma kennt im Arbeitsalltag die aberwitzigsten Abwandlungen:

• *In Reisesituationen ist man unter mehreren Personen die einzige, die nicht ins Internet kommt. Dabei spielt es keine Rolle, auf welche Weise die Gruppe versucht online zu gehen, von WLAN über UMTS bis zum Zugang durch verschiedene Datenkabel funktioniert alles bei allen außer in genau einem Fall. Herbeigerufene oder bereits anwesende Hilfskräfte sind dabei entweder extrem fachkundig oder vollkommen ahnungslos, gemeinsam haben beide, dass sie das Problem nicht lösen können.*

• *Unmittelbar vor einem benutzt der Marketingassistent den Kopierer stundenlang mit völlig zerknüllten, heftklammervernarbten Dokumentstapeln, aber beim ersten selbstkopierten Blatt entsteht ein Papierstau, der den herbeigerufenen Kundendienst weinend zur fristlosen Kündigung des Wartungsvertrags veranlasst.*

• *Jeder gemeldete Defekt eines Arbeitsgeräts hat die aufwendige Beschaffung eines ebenfalls defekten Ersatzgeräts zur Folge, das man schließlich aus Scham zu nutzen vorgibt, um es nach Feierabend mit dem Gerät eines unbeliebten Kollegen heimlich auszutauschen.*

Kennzeichnend für das Donald-Dilemma ist nicht nur, dass jede Suche nach Ursachen erfolglos bleiben muss, sondern auch, dass das anfängliche Mitleid der anderen Mitarbeiter rasch in kaum noch verborgene Aggression und offene Feindseligkeit umschlägt.

DAS ENTLOHNUNGS-ERRATUM

Zwischen der selbst als richtig empfundenen und der tatsächlichen Höhe jeder Entlohnung besteht grundsätzlich und unabänderlich eine rätselhafte Differenz – das Entlohnungserratum. Bei diesem Wert der gefühlten Unterbezahlung handelt es sich jedoch um eine psychologische Konstante in Höhe von 41,8 % der gegenwärtigen Entlohnung, die weder von der Tätigkeit selbst noch von der Person oder der tatsächlichen Bezahlung abhängig ist. Unmittelbar nach der Erhöhung der Entlohnung durch gutes Verhandeln, eine Gehaltserhöhung oder schieres Glück lässt sich eine temporäre und zudem eingebildete Befriedigung beobachten, bei der man sich voreilig und ohne jede faktische Grundlage gerecht bezahlt fühlt. Sie dauert bis zu fünf Tage an. In der Bundesrepublik sind in den Nuller-Jahren mit Lokführern großflächige Feldversuche zur Erforschung des Entlohnungserratums unternommen worden. Bereits wenige Wochen nach einer 30-prozentigen Gehaltserhöhung erschien ein brachialer Bahnstreik der Mehrzahl der Versuchspersonen als einziges Mittel aus ihrer dramatischen, schon Jahre anhaltenden Misere.

BEWERB**NGS-BLINDHEIT

Durch die Bewerbungsblindheit der Personalchefs der Bundesrepublik liegt die Wahrscheinlichkeit, mit der eine normale Bewerbung zu einem annehmbaren Job führt, seit 1982 im bundesdeutschen Durchschnitt bei exakt null Prozent (Vorjahr: null Prozent). Gerüchten zufolge soll im Frühsommer des nämlichen Jahres zum letzten Mal eine akzeptable Arbeitsstelle nicht über Beziehungen, sondern via Stellenanzeige vergeben worden sein. In einer universitären Untersuchung hat sich dies jedoch als Fehlinformation herausgestellt, der schlussendlich erfolgreiche Bewerber erwies sich in Nachforschungen als Neffe eines Abteilungsleiters. Alle Stellenmärkte, sämtliche Maßnahmen zur Verbesserung der Bewerbungsunterlagen sowie jedwede angebliche Ausschreibung sind Teil der staatlich geförderten Illusion eines offenen Arbeitsmarktes, um die Kosten für das Gesundheitssystem wegen Massendepressionen unter Ausbildungsabsolventen nicht explodieren zu lassen. Tatsächlich werden gute Jobs ausschließlich an Bekannte von Bekannten (→ Bebekannte) vergeben.

VERSCHIEDENE KOLLEGENTYPEN

BÜROMATERIALIST

Der Büromaterialist legt auf seinen Locher ebenso viel Wert wie auf seine Kaffeetasse und verbittet sich die Benutzung durch irgendwelche Hippies, also alle anderen – vorzugsweise mit irrationalen Gesundheitsargumenten oder sentimentalen, aber erfundenen Verweisen auf die von der geliebten Tante «geerbten» Gegenstände.

ROTE Arme FRAKTION

Die Kollegen, die nach ihrem offensichtlich sonnenöllosen Strandurlaub im T-Shirt ins Büro kommen.

ROTE arme FRAKTION

Die Kollegen, die wegen ihrer politischen Überzeugung weder befördert werden noch Gehaltserhöhungen bekommen.

SCHNÖDEL

Dieser eine Kollege, ein öder Schnösel, der Arroganz, Einfalt und Langeweile zu einem Amalgam der Unerträglichkeit verbindet. Schnödel sollten wegen ihrer ausgesprochen hohen Chefwahrscheinlichkeit stets gut behandelt werden.

ZAUDERLEHRLING

Der Auszubildende, der wegen seiner Begriffsstutzigkeit und seiner sensationell zu nennenden Unentschlossenheit, passend ergänzt durch kein Kurzzeitgedächtnis, nur → Laufgaben bekommt, und davon auch nur solche, bei denen es eigentlich egal ist, ob und wann sie erledigt werden.

FEIERABENTEURER

Der Feierabenteurer nervt in kaum anders erreichbarem Maß durch ständige erzählerische, bildliche und filmische Dokumentation seiner Heldentaten nach Dienstschluss.

Keine Mountainbike-Tour in der mit
menschlichen Waden erreichbaren
Umgebung bleibt von ihm ungemacht
oder gar unerzählt. Wildwasserkanu,
Tandemfallschirm, Presslufttauchen,
er wählt seine Extremsportarten
vor allem nach Weitererzählbarkeit
im Büro und Foto-Opportunity aus.

BÜROKLAMMER

**Der Typ, der praktisch nie nach
Hause geht, weiß der Teufel und
vielleicht noch er selbst warum. Stattdessen ist er als Erster am Schreib-
tisch und geht als Letzter, wenn
überhaupt. Es könnte genauso gut
sein, dass er zwei Hemden und ein
Sakko im Materiallager versteckt
hat, als Einziger die Firmendusche
benutzt und gar nicht nach Hause
geht.**

23

FAMILIE
&
FREUNDE

I

n der Betrachtung des Begriffs «Familie» muss sich entgegen der wertkonservativen Wunschvorstellung einiges getan haben, wenn Kinder in der Grundschule ganz selbstverständlich mitteilen, dass diesmal glücklicherweise alle vier Eltern zum Elternabend kommen und drei davon Männer sind. Die von Bewahrsinnigen so bezeichnete Keimzelle der Gesellschaft kennt kaum noch den angeblichen Normalzustand. In Großstädten unterscheiden Klassenlehrer inzwischen nach Scheidungskindern, Doppel- und Tripelscheidungskindern. In einigen höheren Klassen müssen Schüler länger nachdenken, um die elf bis sechzehn Personen namentlich aufzuzählen, zu denen sie schon mal Mama oder Papa gesagt haben.

Und auch auf dem Land läuft nicht alles so klassisch und keusch ab, wie sich Traditionalisten einreden wollen. Es soll sogar ländliche Gegenden geben, in denen die Gefahr der Hexenverbrennung für geschiedene, alleinerziehende, atheistische Frauen ausgesprochen gering geworden ist. Diese erfreulichen Entwicklungen erfordern zusammen mit den unerfreulichen neue Worte für neue und alte Familiensituationen.

Und auch Freundschaften haben sich verändert. Allein schon, weil man inzwischen auf Facebook mitbekommt, was die Freunde den ganzen Tag so denken und treiben. Und mit wem. Ärgerlicherweise verraten sie oft sogar, warum. Dieses allgemeine Plus an persönlichen und intimen Informationen – dokumentiert mit Handyfotos im Sekundentakt – hat einer ganzen Generation völlig neue Enttäuschungsdimensionen eröffnet.

Wo es früher hieß: «Was? *Die* mit *dem*?», heißt es heute: «*Die* mit *dem* macht *dort* auch noch *das*? In *dem* Kleid? Während *diese* Musik läuft? Und stellt davon auch noch *solche* Fotos ins Netz?» Und wer an dieser Stelle alles nicht mehr so ganz genau versteht, sollte darüber nachdenken, ob das nicht ein Zeichen dafür ist, dass es an Worten fehlt, die *das* verständlich beschreiben. Ein Problem, das am Ende des folgenden Kapitels gelöst sein dürfte.

VERFRIENDEN
(Doppelbedeutung)
1) wegen einer Profilbildähnlichkeit oder einer Namensgleichheit eine völlig falsche Person im Netz anfrienden
2) echte Freunde, aus denen mit der Zeit nur noch Friends werden, weil man über deren absonderliche Meinungen oder Aktivitäten zwangsläufig auf Facebook informiert wird

GEMUTTER
Wenn es den Gevatter gibt, ist schon aus Gründen der Gleichberechtigung nicht einzusehen, warum es keine Gemutter geben sollte. Bedeutung gemäß dem Vorbild
(Beispiel: Gevatter Tod, Gemutter Natur, auch: Zeugemutter).

ÄLTERN
Wenn die eigenen Eltern anfangen alt zu werden, nennt man sie Ältern. Der Prozess ist schleichend und wird zunächst weder von den Eltern noch von ihren erwachsenen Kindern akzeptiert. Anzeichen wie seltsame Gespräche, enorme Vergesslichkeit und Verwirrungsmomente werden von beiden Parteien entweder dem Stress, dem fehlenden Stress oder der Jahreszeit zugeschrieben. Der Verdacht, dass die Eltern zu Ältern geworden sind, wird zur Gewissheit, wenn die Beschwerde-Anrufe wegen ausbleibender Anrufe ausbleiben.

IDIONKEL
Dieser eine Onkel. Ja, genau der.

KINDLING
Der junge Vater, der so sehr in seiner neuen Aufgabe aufgeht, dass der Eindruck entsteht, er habe sonst nichts. Der Kindling nimmt Tragetuch-Kurse, läuft tagelang stolz mit Kinder-kotzflecken auf dem Revers herum und kauft Spezialthermometer für die Babymilch. Das Babyphon verwendet er mit iphonehafter Inbrunst. Oft streitet er mit der Mutter darum, wer nachts die Durchfallwindeln wechseln darf; ohne jeden Anlass ist der Kindling besorgter als hangseitig in Autobahnnähe wohnende Mütter mit rollschuhfahrenden, blinden Kindern. Nach im Schnitt zwei Jahren und fünf Monaten verliert er über Nacht jedes Interesse an der Familie, geht erst unter Drogeneinfluss fremd und nimmt dann einen Job in Tokio an. Dieser Vorgang ist auch bekannt als «Plötzlicher Kindlingstod».

KALIVATER
Das Gegenstück zum ➔ Kindling. Der Vater, der sich wie der Kalif von Bagdad aufführt und sich für den Herrscher aller belebten und unbelebten Materie hält. Seinem gerade erst sprechfähigen Kleinkind teilt er

je nach sozialem Stand entweder mit, dass er in dessen Alter bereits fließend auf Latein Geschäftsverträge verhandeln konnte, oder er verspottet es für seine peinlich geringe Trinkfestigkeit. Unabhängig vom Restcharakter empfindet der Kalivater das Geschenk seiner eigenen Anwesenheit grundsätzlich als großzügigen Ausgleich für alle noch zu erbringenden Leistungen der gesamten Familie.

VERTREFFEN, jmd.

Man vertrifft sich mit jemandem, wenn beide Beteiligte bei einer zufälligen Begegnung aus beliebigen Gründen so tun, als würden sie sich nicht bemerken. Häufigstes Beispiel sind Bekannte oder Kollegen, die gleichzeitig, aber nicht gemeinsam und ohne jeden Kontakt mit Bus oder Bahn fahren. Das Vertreffen ist eine derjenigen Zivilisationstechniken, die einem niemand beibringt und die man sich deshalb mühsam selbst zurechtahnen muss. Vertreffen ist die stille, höfliche und gegenseitige Übereinkunft, sich im ICE nicht in die Verlegenheit eines dreistündigen, bedrückend inhaltslosen Zwangsgesprächs zu bringen. Zu den wichtigsten Instrumenten des Vertreffens gehört der Blick ins Leere und die intensive Beschäftigung mit dem eigenen Handy, Ziel ist die Vermeidung des direkten Augenkontakts um jeden Preis.

JUGEN

Verschüttgegangenes Verb für Herumhängen. Heute nur noch verwendet in der substantivierten Verlaufsform Jugend.

FANILIE

Enge Gemeinschaft von Fans.

FRIENDSCHÄMEN

Ursprünglich: sich für seine Friends schämen. Inzwischen: sich für sich selbst schämen, weil man solche Freunde hat.

TANT, ONKE

Die noch fehlenden, sprachlogischen Familienbegriffe. Tante bezeichnet die Schwester eines Elternteils, Onkel den Bruder. Der Tant ist der Mann der Tante, die Onke ist die Frau des Onkels. Das befremdliche, diskriminierende Wörtchen «angeheiratet» hat ausgedient, endlich kommt die lange fehlende Klarheit in die verbale Familienlogik. Falls es so ein Wort wie «Familienlogik» überhaupt gibt.

FAMILIE & FREUNDE

ONKELOGIE
Fachbegriff für Onkelkunde, also die Wissenschaft unangenehmer Familiensituationen. Onkelogen unterteilen ihren Forschungsbereich detaillierter in kommunikative Zumutungen *(Zotenkunde)*, hygienische Fragen *(Deologie)* und allgemein peinliche Handlungen im Familienkontext *(Onkelation)*.

VERWANDTELN
Sich auf eine nicht unbedingt angenehme Art immer verwandter fühlen. Der oft schleichende Vorgang des Verwandtelns ist besonders bei Liebespaaren gefürchtet. Aber auch langjährige Arbeitskollegen berichten von unangenehmen Situationen, zum Beispiel wenn eine versehentliche Flatulenz nicht mehr Scham und Befremden, sondern kindliches Gekicher hervorruft. Paare können dem Verwandtlungsprozess entgegenwirken, indem sie wieder öfter als vierteljährlich Sex haben, gezielt fremdgehen oder sich trennen.

PUBERTÄTER
Ursache, Wirkung und Gesellschaftsphänomen in einem Wort.

FRIENDGEHEN
Mit Facebook-Freunden fremdgehen. Sowohl durch das als auch beim Friendgehen können die peinlichsten, aber auch erregendsten Situationen des Universums entstehen.

COCHEN
Die bürgerliche Haushaltstätigkeit Kochen ist so hip, dass in besonders Lifestyle-bewussten Zirkeln das alte Wort ausgedient hat. Der Wandel vom K zum C ist stets dort zu finden, wo Neues und – Achtung! – Creatives symbolisiert werden soll: *cochen.*

ERBSCHLEIMER
Der Erbschleicher hat ausgedient, weil heute kaum noch jemand schleicht. Das Erbschleimen dagegen ist enorm verbreitet bei allen, die die griesgrämige Erbtante nicht öfter als halbjährlich sehen.

WEINACHTEN
Familienfestliche Tage, die höchstwahrscheinlich mit Tränen enden. Vgl. Ohstern, Pffingsten.

ERZUG
Sehr harte Erziehung. Erziehung verhält sich zu Erzug wie eine kiffende Waldorflehrerin zu Margot Honecker.

PUNSCHKIND
Gegenteil von Wunschkind,
siehe auch → alkopulieren und
→ Weihnacktfeier.

FAMILIE & FREUNDE

AUSPHRASTEN

In praktisch jeder Familie im europäischen Kulturraum gibt es einen Onkel, der in sozialen Situationen ausphrastet – sich also in uralte, unwitzige und unendlich oft gehörte Phrasen hineinsteigert. Diese medizinisch noch nicht ausreichend erforschten An- und Ausfälle können Stunden bis Tage andauern und werden durch Alkoholkonsum bis ins vollkommen Unerträgliche hinein verstärkt. Die Symptome dieser für Dritte schwerwiegenden Störung sind schmerzhaft leicht erkennbar: Statt «zum Beispiel» wird «zum Bleistift» gesagt, das Wort Kofferraum wird in sächselnder Anmutung ausgesprochen («Göfferröüm») und als Erwiderung dient die Wendung «ganz im Gegentum». Je nach persönlichem Umfeld des Ausphrastenden reichen die üblichen Reaktionen vom mühsamen Ignorieren bis zur spontanen Gewaltanwendung. Ausphrasten ist also auch für den sozial Gestörten selbst gefährlich. Von Fachleuten bestätigt ist das Vorkommen gemeinsamer Anfälle durch zwei oder mehr Ausphrastende über mehrere Stunden, die bei zufällig Anwesenden zu einer temporären Abkehr von der Zivilisation an sich geführt haben sollen. Ein Anekdotantidot soll bereits in pharmazeutischer Erprobung sein.

NEFFIG

Männliche Form von nichtig.

PAPAINLICH

Die Urscham des Kindes, wenn der Vater in der Öffentlichkeit Dinge tut oder sagt, die selbst betrunkenen englischen Hooligans unangenehm wären. Von der Wirkung auf die Psyche des Kindes etwa vergleichbar mit dem langsamen Erwürgen des Lieblingshaustiers mittels eines vergifteten, glühenden Stacheldrahts.

KINDERWAGEN

Wer kinderwagt, gewinnt vielleicht nicht unbedingt, aber traut sich immerhin, Nachwuchs in eine Welt voller Fukushima zu setzen.

MAMANGEBEN, PAPANGEBEN

→ (*auch:* eltangeben)
Die nach der Moderation von Morgensendungen in Formatradios zweitekelhafteste Form sozialer Kommunikation der Welt sind die Lobeshymnen von Eltern auf ihre eigenen Kinder. Gerade Mütter und Väter, die selbst sehr bescheiden sind, weil sie auch allen Grund dazu haben, neigen mit dem Eintritt in die Elternschaft dazu, die Vornamen ihrer Kinder so auszuwählen, dass sie sich im Beiklang mit den verschiedensten Titeln, Adelsprädikaten und Nobelpreisen gut anhören. Beim Mamangeben spricht die Mutter so über ihren Nachwuchs, wie sie – und nur sie – es für subtil hält, indem sie Fragen stellt, deren Scheinheiligkeit im Dunkeln leuchtet: «Hat euer Sohn eigentlich auch manchmal Schwierigkeiten mit den Pferdekommandos beim Persischen Polo, weil ihm nicht gleich die korrekte Konjugation auf Farsi einfällt?» Der papangebende Vater kennt eine solche Zurückhaltung nicht, sondern gerät beim Lobpreisen seiner Kinder

regelmäßig ins Flunkern: «Wir haben uns jetzt doch dagegen entschieden, dass Klaas-Jannis der neue Dalai Lama wird, sonst schafft er seine Dissertation bis zur Einschulung einfach nicht in angemessener Qualität.» Beiden Formen der elterlichen Großsprache ist gemeinsam, dass fremde Kinder ohne Hemmungen niedergemacht werden, wenn es der Verherrlichung der eigenen Brut dient. Vergleiche auch das Lied des Berliner Entertainers FIL, «Mein Kind ist geiler als Dein Kind».

GRADAU

Gradau ist eine Maßeinheit für den maximal mit einer einzelnen Tätigkeit erzielbaren Lärm. 2007 mussten die bis dahin angenommenen Höchstlärmwerte völlig neu festgeschrieben werden. Die errechneten Getösegrenzwerte waren durch einen Fünfjährigen um ein Vielfaches übertroffen worden. Mit einem Teelöffel aus Messing erreichte er 209 Gradau – einen Wert, den erwachsene Probanden mit einer dieselbetriebenen Schiffshupe knapp verfehlt hatten.

VORNEONEN

Dem Lebenspartner etwas vorzuneonen bedeutet, wie zufällig Zeitschriftenartikel herumliegen zu lassen oder mit seltsamer Begründung Links zu verschicken, in denen eine Situation beschrieben wird, der man sich selbst ausgesetzt sieht. Günstigerweise ist in dieser Art Artikel auch immer ein Lösungsweg angedeutet, worin zugleich die Chance und die Gefahr dieser Strategie liegen. Denn der Weg zur Missverständ-

nishölle zwischen Partnern ist mit «zufällig» und «andeuten» gepflastert.

KUCKUCKS-ELTERN

Die unter Jugendlichen verbreitete Empfindung, dass die Leute, die behaupten, die eigenen Eltern zu sein, unmöglich wirklich mit einem verwandt sein können. Betroffenen jungen Leuten gerät die Krankenhausvertauschung zum Hoffnungsschimmer.

NAU

Dieses Wort ist die Rettung bei Fragen, bei denen man mit jeder Antwort verlieren würde, wie etwa dem neobourgeoisen Schlafzimmer-klassiker «Findest du, ich bin zu dick?». Nau enthält Elemente von «nein», «jau», «na», «genau», «na und» sowie «nu». Auch das englische «now» (jetzt) spielt klanglich mit hinein. Es entsteht ein situativer Mischsinn, der sich jeweils an die Frage anpasst. Dafür muss man nau allerdings in der richtigen Betonung verwenden, die wiederum aus der hoffnungs-vollen oder enttäuschten Grundtonali-tät der Frage herausdestilliert werden muss. Das ist immer noch viel zu schwierig? Nau.

AGGNORIEREN
Jemanden aggressiv ignorieren, we-niger als keine Notiz von jemandem nehmen, überall hinschauen außer in die Richtung der aggnorierten Person. Frisch getrennte Expartner aggnorieren sich oft gegenseitig auf eine Weise, die sie selbst für heimlich halten. Obwohl es jeder im Raum mitbekommt, weil sich die Zimmertemperatur um bis zu acht Grad Celsius senkt.

GRANTWORTEN
In schwer genervtem Ton antworten. Je nach Situation muss beachtet werden, dass nicht immer der Grant-wortende die Schuld trägt: schließ-lich gibt es auch genügend Leute, die dauernd → Frarghen stellen. Passend dazu das Sprichwort «Keine Antwort ist auch eine Grantwort».

FREISCHEN
Dieses Wort stellt eine Mischung aus freischießen und kreischen dar und funktioniert auch genau so.

Mit ihrer Geburt beherrschen Kinder automatisch die verschiedenen Formen des Freischens: das Schreischen (Schreikreischen), das Schreinen (Schreiweinen) und das Zerschreien jeden Widerstands.

FRARGHEN
Diese besondere Art Fragen zu stellen, die jeden denkenden Men-schen verzweifeln lassen.

GESCHWIST
Einzahl von Geschwister. Vor allem abwertend in Situationen ver-wendet, wenn in «Bruder» zu viel Brüderlichkeit liegt und in «Schwes-ter» zu viel Zuneigung. Von der gängigen Betonung her ist «mein Geschwist» vergleichbar mit «mein Geschwulst».

SCHLARCHEN
Schlecht und unruhig schlafen, weil geschnarcht wird. Man kann sowohl unter passivem wie auch aktivem Schlarchen leiden. Aktives Schlarchen ist kaum zu besiegen, gegen passives Schlarchen hilft schon ein zweites Schlafzimmer zwei Blocks entfernt oder die Trennung.

MONOTHEM
Eltern von heute leben nicht mehr monogam, sondern monothem und reden deshalb ausschließlich über

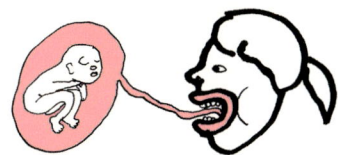

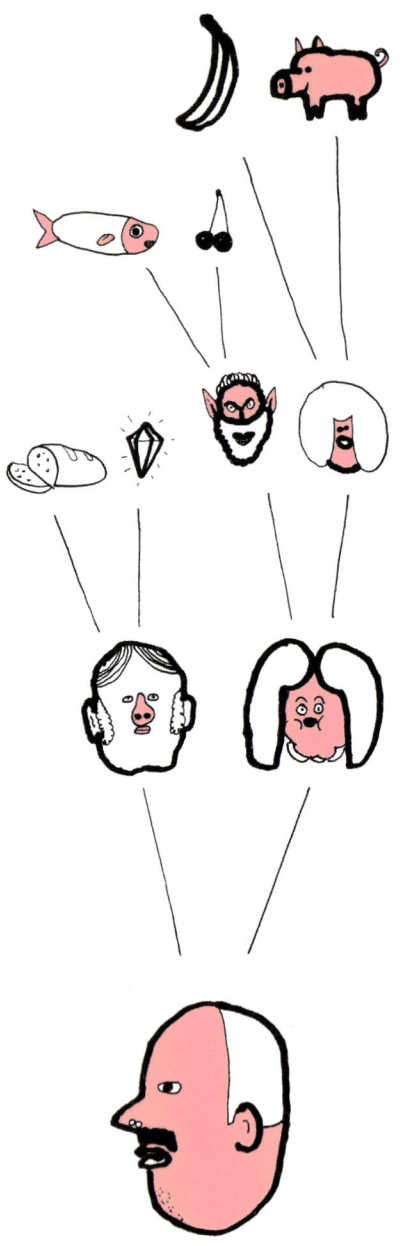

ihren Nachwuchs. Auch bekannt ist die serielle Monothemie, bei der die verschiedenen Lebensphasen des Kindes jeweils über Wochen das einzige Gesprächsthema sind. Kindbezogene Monothemie konnte sich vor allem deshalb ausbreiten, weil durch die extreme Individualisierung der Gesellschaft die meisten Eltern inzwischen glauben, das erste Kind seit Jesus geboren zu haben.

AHNSINNIG

Diese intensive Beschäftigung mit den Vorfahren, Stammbäumen, urururgroßelterlichen Verwandtschaftsverhältnissen und der eigenen Ahnengalerie – solchen Ahnsinn muss man schon mögen, um ihn zu schätzen.

AMOKSITZEN

Amoksitzen ist eine Tätigkeit, die ausschließlich Kinder beherrschen. Durch eine fein abgestimmte Sitzposition in der präzisen Mitte aller Laufwege und mit wenigen, aber gezielten Armbewegungen kann ein einzelnes, amoksitzendes Kind durch die bloße, aggressive Sitzpräsenz ganze Familienfeiern lahmlegen. Diejenigen Kinder mit einem destruktiven Gespür, also alle, finden dabei selbst in einer kreisrunden Halle von kathedraler Größe exakt den Punkt, an dem alle vorbeimüssen. Um dort mitten im Weg amokzusitzen.

SICH GÖRIEREN

Sich wie ein Kind anstellen. Bei Kindern: sich noch anstrengender gebärden als ohnehin schon.

EINKÄUFLICH

Wer käuflich ist, lässt sich mit Geld beeinflussen. Wer einkäuflich ist, kann mit dem simplen Versprechen einer Shoppingtour zu jeder Schandtat von Sex bis zum wiederholten Sex getrieben werden. Andere Gegenleistungen als Sex sind nach Ansicht vieler Wissenschaftler möglich, bisher aber, soweit bekannt, noch nie verlangt worden.

KINDERN

Eigentlich ist es eine Zumutung der deutschen Sprache, dass es ein so naheliegendes Wort wie kindern nicht schon längst gibt. Es steht aber nicht im Duden und muss hier also definiert werden. Bei heterosexuellen Pärchen Ende zwanzig, in Großstädten Anfang dreißig, fängt einer der Partner an zu kindern, also den stärker werdenden Kinderwunsch unter- bis überschwellig zu äußern. Meistens passiert das unter Verweis auf den Nachwuchs von Freunden und Bekannten oder durch eine detaillierte Schilderung der eigenen Kindheit. Kindern ist aber nicht allein auf Worte beschränkt, auch das verträumte Stehenbleiben vor belebten Spielplätzen oder das zufällig wirkende Verirren in die Windelabteilung im Supermarkt gehören dazu. Seltener ist das Übersprungskindern, also der Erwerb eines hätschelaffinen Haustiers.

GRUMPFEN

Das Äußern einer kehligen, unmutsschwangeren Tonfolge. Gegrumpft wird bei unbeantwortbaren Fragen oder nur widerwillig behandelten Themenkomplexen. Die Grumpffähigkeit wird vererbt, das Grumpf-Gen ist mit hoher Wahrscheinlichkeit auf dem Y-Chromosom zu verorten. Die Lautfolge ist eine Nachempfindung des Geräusches, das in der Steinzeit beim Verschließen der Höhle mit einem großen Stein entstand, als der Mensch noch jede Kommunikation und Annäherung als Bedrohung empfand und entsprechend reagierte.

FRIENDSCHAFT

Siehe ➔ Friendschaft im Kapitel Digitale Welt.

BEKINDERT, SCHWERBEKINDERT

Vielen Betroffenen macht ihre Bekinderung zu schaffen, auch wenn sie es selten offen zugeben. Während die Bekinderung ab einem gewissen Alter einigermaßen akzeptiert erscheint, sind gerade jüngere Bekinderte – die es häufig unerwartet erwischt hat – schwer in ihrer Entfaltung beeinträchtigt. Bekinderte Menschen müssen um jeden Preis als gleichwertig anerkannt und auch so behandelt werden, so schwer das gerade in «normalen» Freundeskreisen fallen mag.

LIEBE & SEX

M

oment. Liebe, Sex – ist das nicht so ziemlich das Einzige, was sich in den letzten Jahren nicht grundlegend gewandelt hat, während sonst alles andere, von Glühbirne über D-Mark bis Waldsterben, vergessen, verändert oder verboten worden ist? (Weshalb braucht man dann in diesem Bereich überhaupt neue Worte? Noch dazu, wo zumindest Liebe und Sex noch hauptsächlich in dem Teil des Gehirns stattfinden, von dem dauernd behauptet wird, er wäre seit der Steinzeit unverändert?) Michel Foucault erklärt in seinem Buch «Sexualität und Wahrheit 2 – Der Gebrauch der Lüste», dessen Titel auch ziemlich gut zu einem künstlerisch anspruchsvollen Schwarz-Weiß-Porno passen würde:

«Die sexuelle Aktivität ordnet sich also in den weiten Horizont von Tod und Leben, Zeit, Werden und Ewigkeit ein. Sie ist notwendig, weil das Individuum dem Sterben geweiht ist und damit es doch in gewisser Weise dem Tode entkommt.»

Etwas kürzer gefasst: Wir vögeln um unser Leben. Jedenfalls diejenigen, die überhaupt noch vögeln, das sind ja heute weniger Menschen, als man selbst glaubt, wegen Youporn, Hormonen im Trinkwasser oder weil sogar der Stress stressiger geworden ist als noch im 20. Jahrhundert.

Diesem Pfad folgend, erkennt sogar der interessierte Laie – im Bereich Sex also die meisten –, dass die Veränderung der Welt doch gehörigen Einfluss auf unsere gebündelten Kleinhirnaktivitäten haben muss.

Zum Beispiel schämen sich heute Paare, wenn sie sich nicht ganz normal im Internet kennengelernt haben, sondern noch altmodisch beim maskierten Gruppensex auf der Discotoilette. Und allein den Zeitpunkt zu nennen, in welchem Durchschnittsalter Teenager heutzutage zum ersten Mal Sex haben, ist aus Jugendschutzgründen verboten. Beziehungen sind auch nicht mehr von so naiver Unbekümmertheit in Zeiten, wo sich ganz einfach eine vollständige Online-Kartei der Expartner zusammenklicken lässt, inklusive Aussehen, Vorlieben und sozialer Verquickungen.

Eben diese Verquickungen sind mit Stalking-vereinfachenden Plattformen wie Facebook und ständiger, mobiler Erreichbarkeit – zumindest technisch – bedeutend einfacher geworden. Wie kompliziert war es früher, herauszufinden, wie diese eine Blonde auf der Party hieß oder der große Rothaarige. Heute werden die Partyfotos auf den sozialen Netzwerken Profilen zugeordnet, und in fünfzig Sekunden weiß man über bis dahin unbekannte, potenzielle Sexualpartner mehr als deren Eltern. Was das für gesellschaftliche Folgen haben mag, ist noch kaum erforscht. Hier kommen aber schon mal die dafür nötigen Worte, genauso wie Worte, die es schon immer hätte geben können, an die bisher aber einfach niemand gedacht hat.

EHEMAL

Vergleichbar mit dem Denkmal und dem Grabmal ist das Ehemal der Geist oder die Stätte der Erinnerung, dass die Ehe mal aus Liebe geschlossen worden ist. Der Einwurf «Schatz, sie spielen unser Lied» ist das bekannteste unter den Ehemalen. Auch Orte (Flitterhotel in Paris) oder Daten («Ja, am 11.11.11, damit wir das Datum nicht vergessen») können als Ehemale dienen. Die Vergänglichkeit der Ehe ist bereits tief im Wort verankert, denn das zum Ehemal gehörende Adjektiv lautet ehemalig.

AFFÄRMANN

Männlicher Partner in einer Affäre.

HOCHZEIG

Angeberhochzeit.

OCHZEIT

Verlegenheitshochzeit.

SICH VER-HEIRATEN

Sieht am Anfang aus wie normales Heiraten, aber irgendwann wird klar: man hat einen Verbindungsfehler gemacht und sich ver-heiratet.

BEGATTE, BEGATTIN

Wenigstens dafür sollte der Partner nach einer → Ochzeit taugen.

TRÄNUNG

Eine sehr schmerzhafte und tränenintensive Trennung. Nicht selten ist des einen Partners Trennung des anderen Partners Tränung.

ZUSAMMEL

Die serielle Monogamie hat ihre Spuren in der Gesellschaft hinterlassen: früher waren Paare zusammen, heute ist man zusammel und gesteht damit von Anfang an ein, nur Teil einer kurzen Lebensabschnittspartnerschaft zu sein, um möglichst viele Sexualpartner auszuprobieren und anzusammeln.

AUSNUTTEN

Jemanden sexuell ausnutzen.

SCHLUSSTIG

Kurzform für «Schluss mit lustig», deutsche Form von «Basta!».

KOMPLIZE

Das Wort gibt es zwar schon, es hat aber durch Facebook eine neue Bedeutung bekommen. Es bezeichnet nämlich die Beteiligten an einer Beziehung der Kategorie «Es ist kompliziert». Im Falle einer komplizierten Partnerschaft lautet die Vorstellung im Bekanntenkreis dementsprechend: «Das ist meine Komplizin», und ist so ohne weitere, unangenehme Nachfragen möglich.

PENIST

Penisten entsprechen der Sorte Mann, die aus nicht wesentlich mehr als ihrem Gemächt bestehen und darüber niemanden zu irgendeinem Zeitpunkt im Unklaren lassen.

LIHBE

Beinahe wie Liebe, wo aber irgendetwas nicht stimmt.

BEZIEHLICH

Die Beziehung betreffend. Nachdem das Wort «beziehungsweise» im allgemeinen Sprachgebrauch völlig zweckentfremdet worden ist und man im Zeitalter der Social Networks nicht mehr ernsthaft fragen kann: «Wie geht es dir *privat*?»

VON HAND KENNENLERNEN

Eine Bezeichnung für das seltsame Phänomen der Offline-Bekanntschaft, die das Kennenlernen außerhalb des Internets einigermaßen romantisch beschreibt, aber auch angemessen darstellt, wie unzeitgemäß es ist. Häufig ist daher auch die Redewendung, dass man sich «noch von Hand kennengelernt» habe.

EINLING

Deutsches Wort für Single.

BEIDIG

Deutscher Begriff für bisexuell. Dazugehöriges Substantiv im Plural: Beidgenossen.

QÜSSEN

Wie das Wort, so die Bedeutung: mag sich vielleicht wie küssen anhören, wirkt aber irgendwie komisch und so unangenehm, dass man es eigentlich nicht in den Mund nehmen mag.

TRAUMANN

Wir leben in unsicheren Zeiten, in denen viel mehr flüchtig ist, als wir seelisch verkraften können. Da nimmt man lieber auch mal einen Partner, der nur halb passt oder der Viertelrichtige ist oder wenigstens nicht sofort nach dem ersten gemeinsamen Aufwachen schreiend wegrennt. Trotz dieses Umstandes möchte natürlich niemand auf Romantik verzichten, schon als Gegengewicht zur überkomplizierten, nervigen Welt, in der Wochenenden nur zwei Siebtel der Lebenszeit ausmachen. Dafür gibt es den Begriff Traumann, der bedeutet, dass man sich so grade eben traut, zusammen zu sein – der sich aber anhört wie «Traummann». Das Gegenstück zum Traumann ist die Wunschfrau, wobei man nicht dazusagt, um was für einen Wunsch es sich genau handelt.

CHARISMAL

Der eine Moment, in dem man kurz dachte, jemand wäre toll. Dies erweist sich im besseren Fall Minuten später, im schlechteren am folgenden Morgen als völlige Fehleinschätzung. Im folgenreichsten Fall reicht ein einziges, verdammtes Charismal, um das Gegenteil eines Wunschkinds in die Welt zu setzen (ein → Punschkind).

EXEN-VERBRENNUNG

Die Exenverbrennung erfolgt kurz nach dem Moment, an dem anderthalb bis drei Wochen nach dem endgültigen Ende der Beziehung der

Liebeskummer in Wut umschlägt. Eben täuschte man sich selbst noch vor, gar nicht mehr so genau zu wissen, wo genau die Habseligkeiten des Expartners in der Wohung herumlägen. Schon rennt man herum, sammelt Liebesbriefe, Erinnerungsfotos und andere Beweise der einstigen Zusammengehörigkeit, wirft sie in die Badewanne und zündet sie an. Nach der Exenverbrennung reinigt man sich traditionellerweise durch rituelles, 24-stündiges Weinen. Anschließend lügt man sich und den Freunden vor, dass alles wieder gut sei.

BRÜSTIERT
Gegenüber weiblichen, sekundären Geschlechtsmerkmalen empfindsame Leute lassen sich durch den offensiven Einsatz von Brüsten leicht brüskieren, reagieren also brüstiert.

VORWÜRFELN
Paare, die eigentlich schon länger nicht mehr zusammen sein sollten und wollten, lassen in ihre alltägliche Kommunikation mit hoher Taktfrequenz kleine Vorwürfe einfließen, selbst wenn Dritte anwesend sind: sie vorwürfeln.

ALKOPULIEREN

Sex unter Alkohol. Alkopulieren ist
ein Überbegriff für alle bekannten
Verbindungen von Sex und Alkohol-
genuss. Die gängigsten Unter-
begriffe sind:
• *blausen*
(angetrunkener Oralverkehr)
• *sternhageln*
• *alcopoppen*
• *Biersexualität*
• *Eierlekör*
• *Whiksy*
(betrunkene Selbstbefriedigung)

ICHSAM

Ichsame Menschen behaupten
zwar, das Alleinsein leid zu sein. Sie
lassen sich aber grundsätzlich
nicht sagen, was außer ihnen jeder
sieht: dass sie selbst den größten
Anteil an ihrem → Einlingsdasein
haben. Denn sie sind durch zähne-
fletschenden Geiz und Egoismus
oder verbitterte Abkehr von Welt
und Menschen nur mit sich selbst
beschäftigt und lassen keinen Platz
für irgendjemand anderen.

TRÄU

Träu ist ein beziehungsrettendes
Hilfswort, um temporäre Notlügen
leichter anwendbar zu machen. Es
hört sich im Sprachgebrauch exakt
an wie «treu», bedeutet aber nur
«fast treu». In Pärchen-Gesprächen
können damit während schwer-
wiegender Vertrauenskrisen beden-
kenlos heilige Eide bei allen ver-
fügbaren Göttern und Familienmit-
gliedern geschworen werden: «Ich
war träu, ich schwöre es dir bei
meiner Mutter!» Für eine eventu-
elle, spätere Auflösung empfiehlt
sich nicht die Verschriftlichung des
Schwurs unter Hinweis auf den
Gleichklang der Worte, für den man
nicht verantwortlich gemacht werden könne, sondern dieses Buch.

FREUNDESKREISEN

In der Clique herumvögeln, bis sich
zumindest vorübergehend feste
Partnerschaften bilden. Unter Sozio-
logen ist umstritten, ob intensives
Freundeskreisen die Fremdgeh-
Wahrscheinlichkeit der dabei ent-
standenen Paarungen steigert oder
senkt.

ONE-NIGHT-STAND-UP

Eine Nacht, die sich als schlechter
Scherz entpuppt.

INZESSIERT

Wenn man auf einer Familienfeier
eine wirklich sehr attraktive Person
entdeckt und sich fragt, ob es
wenigstens hypothetisch gesetzlich
erlaubt wäre, sich näher zu interessieren.

FUNNELN

Nur so zum Spaß fummeln, ohne es
ernst zu meinen oder mehr zu wollen.

COGEIL

Wenn man jemanden zur Anmache anstachelt, weil man eigentlich heimlich selbst scharf auf die Person ist. Cogeilheit verstärkt bei Männern im Vorhinein den Zusammenhalt, führt im Vollzugsfall aber zum Ende der Freundschaft aus fadenscheinigen Gründen.

FREMDRENNEN
Fremdgehen auf Speed.

HOMÖO-SEXUELL
Nur sehr, sehr, sehr selten sexuell aktiv. Selten muss jedoch je nach Gruppenzugehörigkeit individuell definiert werden. Bonobos und Surfer gelten bereits als homöo-sexuell, wenn sie mehrere, aufeinanderfolgende Stunden hintereinander keinen Geschlechtsverkehr hatten, bei Programmierern ist der Zeitraum eine Idee länger.

PÄÄRCHEN
Laut Duden wird ausgerechnet das Wort Pärchen nur mit einem «ä» geschrieben. Angesichts des Inhalts eine pingelige, regelfixierte Unverständlichkeit der Sprachwächter. Wenn ein Wort mit Doppel-ä geschrieben werden sollte, dann doch Päärchen.

EXZEM
Die Stresspickel, die man bekommt, wenn man sich daran erinnert, mit was für seltsamen, unangenehmen oder bescheuerten Partnern man allen Ernstes mal zusammen war.

FLORALVERKEHR
Gerade in schwierigen emotionalen Situationen wirken Blumen oft Wunder.

SÜNDFUNKE
Das Fünkchen, das ausreicht, um sich schwer zu versündigen; ein etwas zu lang gehaltener Blick, die scheinbar unabsichtliche Berührung, die anderthalbdeutige Bemerkung.

FRESSEHALTUNG
Gerade in komplizierten sozialen Situationen ist es wichtig, Haltung zu bewahren, und zwar die Haltung der Fresse.

IKEABEL
Eine Partnerschaft erweist sich als ikeabel, wenn ein samstäglicher Besuch bei IKEA weder zur sofortigen Trennung noch zu tagelangen

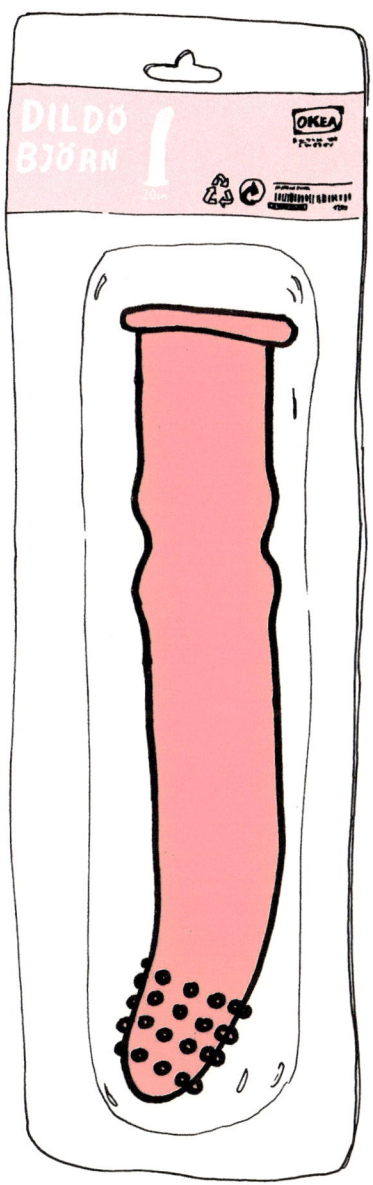

DILDÖ BJÖRN

OKEA

Diskussionen über Nachwuchs-
planung führt. In einigen urbanen
Subkulturen hat der gemeinsame
IKEA-Besuch die Verlobung vollständig ersetzt.

GESINGLE
Sehr abwertend gemeinte Mischung
aus Gesindel und Single. Es handelt
sich um den Teil des Freundes-
kreises, bei dem nicht einmal mehr
untereinander eine Verkupplungs-
chance besteht. Mit dem Gesingle
ist es wie mit dem letzten Dutzend
unansehnlicher Tomaten im Bio-
markt: egal, wie lange man wartet,
niemand will sie haben. Dann lieber
keine Tomaten.

EXEL
Liste aller Expartner.

AUGENFICK
Augenfick dürfte weitestgehend
selbsterklärend sein.

VERLUSTEN
Das langsame, libidovernichtende
Bewusstwerden der eigenen
Lächerlichkeit, wenn man versucht,
eine für wahnsinnig aufregend
gehaltene erotische Phantasie
wirklich auszuleben (auch als Flug-
zeugtoilettensyndrom bekannt).
Die jeweilige Phantasie ist in den
meisten Fällen danach für immer
verlustet.

ZWISCHEN MENSCHEN

«DIE HÖLLE, DAS SIND DIE ANDEREN»,

so lautet wohl das Sartre-Zitat, das mit weitem Abstand am häufigsten aus dem Zusammenhang gerissen und ohne jede Kenntnis von Werk und Absicht von Ahnungslosen nachgeplappert wird. Das mag zwar stimmen, aber der Himmel, das sind die anderen auch (siehe Kapitel Liebe & Sex). Und es gibt in der Kulturgeschichte genügend Filme, die recht eindringlich zeigen, dass auch dort Hölle sein kann, wo überhaupt kein anderer ist. Gerade da. Ein paar kausal vollkommen logisch verknüpfte Gedankensprünge weiter kommt man zu der Erkenntnis, dass die Anderen alles sind, was man außer sich überhaupt hat. Ohne die Anderen ist also alles nichts. Das leitet direkt über zur Höllendefinition des anderen existenzialistischen Franzosen, Albert Camus:

«IN DER HÖLLE IST DAS NICHTS.»

Zwischen diesen beiden Höllen spielt sich das Leben ab, jedenfalls der soziale Teil. Wenn man nicht gerade hauptberuflicher Einsiedler ist, hat man schon durch den Job ständig mit anderen Leuten zu tun. Wider Erwarten führt aber auch die Arbeitslosigkeit nicht zum Verlust des Zwischenmenschlichen. Im Gegenteil, die bloße Zahl der kontaktierten Personen erhöht sich allein schon durch die drei Dutzend Amtsgänge, die jeden Tag notwendig sind. Selbst die Freizeit als Gegenpol zur Arbeit ist oft ein Garant für sozialen Umgang, wenn man nicht zu den Protagonisten eines Edward-Hopper-Gemäldes zählt.

Ganz normal vom mitteleuropäischen 21. Jahrhundert umzingelt zu sein verursacht nur selten die Kontaktintensität eines Tokioter U-Bahn-Waggons, aber die argentinische Pampa – wo man als Nachbar durchgeht, wenn man weniger als 50 Kilometer entfernt wohnt – fühlt sich auch anders an. Im Kapitel «Zwischen Menschen» werden Worte für die Situationen vorgestellt, bei denen Menschen und ihre Welten aufeinanderprallen, ob gewollt oder ungewollt. Es ist das weitgespannteste Kapitel, weil bei knapp sieben Milliarden Bewohnern des Planeten schon rein rechnerisch sieben Milliarden mal sieben Milliarden unterschiedliche soziale Konstellationen durch simples Aufeinandertreffen entstehen könnten. Und da ist die schlechte Laune nach dem Aufstehen noch gar nicht eingerechnet, die jeden in einen ganz anderen Menschen verwandelt.

barkeiten konfrontiert, dass zweifeln zum Normalzustand geworden ist. Bin ich vielleicht doch ein bisschen bisexuell? Bin ich konservativ, weil ich ein E-Book vom Papst gekauft habe? Darf ich vor meinen Freunden zugeben, dass ich meinen Job nicht hasse? Der echte, tiefer gehende, nagende, wirklich sehr große Zweifel braucht in unserer Gesellschaft einen neuen Namen: Dreifel. Die Unterscheidung im Einzelfall lässt sich gut an der eigenen Person vornehmen. Wer nicht an sich zweifelt, ist ziemlich sicher ein Arsch. Wer aber an sich dreifelt, hat ein größeres Problem.

FRUSUR

Mischung aus Frust und Frisur, Zustand der Unzufriedenheit mit dem eigenen Haarschnitt, insbesondere nach einem Friseurbesuch.

MÜRRBE

Durch die ständige, mürrische Art eines anderen in der Laune beeinträchtigt werden. Mürrisch und mürrbe können zum Beispiel bei alten Paaren, aber auch bei langjährigen Arbeitskollegen zu einem emotionalen Teufelskreis werden. Denn Mürrbewerden fühlt sich von innen an wie Erdulden, von außen ist es aber vom Mürrischsein nicht zu unterscheiden.

DREIFEL

Während für das 20. Jahrhundert der handelsübliche Zweifel noch ausgereicht haben mag, findet sich die Welt heute mit einer solchen Fülle von Unsicherheiten und Unwäg-

SCHWÜCHTERN

Ein schwüchterner Mann ist zu schüchtern, um überhaupt in Situationen zu kommen, in denen er bemerken könnte, dass er schwul ist.

KASSENSCHEU

Man ist kassenscheu, wenn man vor dem Bezahlvorgang Angst hat, ob die EC-Karte überhaupt noch funktioniert. Die Kassenscheue nimmt in der zweiten Monatshälfte meist stark zu und erreicht ihren Jahreshöhepunkt Ende Dezember nach den Weihnachtseinkäufen oder – ungünstiger – auch währenddessen. Der Moment, in dem sich die Kassenscheu als berechtigt herausstellt, weil die Karte zurückgewiesen wird, ist der ➜ Zeniet.

ZENIET

Höhepunkt der Nietenhaftigkeit im eigenen Leben, auch absoluter Nullpunkt. Anders als der Name hoffen lässt, handelt es sich dabei nicht immer um einen einzelnen Punkt im Leben, sondern um eine Phase, die bis zu 75 Jahre lang dauern kann. Die betreffenden Personen heißen Zenieten.

KONTRABLEM

Manchmal erscheint die Vorsilbe «Pro» im Wort Problem noch viel zu positiv, in solchen Fällen spricht man von Kontrablem. Klassische Kontrableme sind ein Flugzeugabsturz in der Antarktis im Winter, das Erwachen aus einem Rausch im erdnahen Orbit oder das versehentliche Anklicken eines Justin-Bieber-Videos auf Youtube.

DEADLEIN

Die noch nicht endgültige und deshalb kleine Deadline heißt Deadlein. Normalerweise schiebt eine Deadline zwei bis fünf Deadleins vor sich her. Besonders ungünstige Probleme – aber auch erstklassige Ausreden – ergeben sich aus dem Gleichklang von Deadlein und Deadline.

KARACHE

Steigerungsform von Rache. Der Volksmund kennt den Spruch, Rache solle kalt genossen werden. Von Karache spricht man dagegen im hitzigen Moment höchster Raserei, wenn alle Energie in die sofortige Vergeltung ohne Rücksicht auf eigene Verluste gesteckt wird.

SCHUCHT

Eine Schucht ist die Situation, die zwischen zwei schüchternen Menschen entsteht, die nichts lieber wollen, als sich um den Hals zu fallen, zu küssen und auszuziehen, das aber über Stunden, Tage oder Jahre nicht fertigbringen. Wie eine Schlucht erscheint die Schucht ohne Hilfsmittel unüberwindbar und wird mit der Zeit immer tiefer. Der einzige Psychologen bekannte Weg über die Schucht führt wie die Liebe durch den Magen, und zwar in Form von Alkohol.

TÄNDELN

Sein Leben sinnvoll und statthaft führen. Gegenteil von vertändeln. Siehe auch → schwenden.

PRÄZEDANCEFALL

Auf guten Partys wird irgendwann wild getanzt, auf schlechten gar nicht. Entscheidend für den positiven Umschwung ist der Beginn des allgemeinen Tanzes. Hierfür ist die erste Tänzerin oder der erste Tänzer verantwortlich – der Präzedancefall. Psychologisch äußerst delikat ist der Moment, in dem die erste Person auf die Tanzfläche taumelt, denn es gibt nur wenige Dinge, die vor gaffenden Gruppen als so peinlich empfunden werden wie ein einsamer, unbeholfener Tanz. Damit ein Präzedancefall eintreten und sich eine schlechte Party zur guten entwickeln kann, müssen verschiedene Umstände gleichzeitig eintreten:

1) Der Präzedancende muss angetrunken genug sein, um die ersten drei Minuten peinlichen Starrens der anderen Partybesucher auszuhalten, aber nicht so betrunken, dass

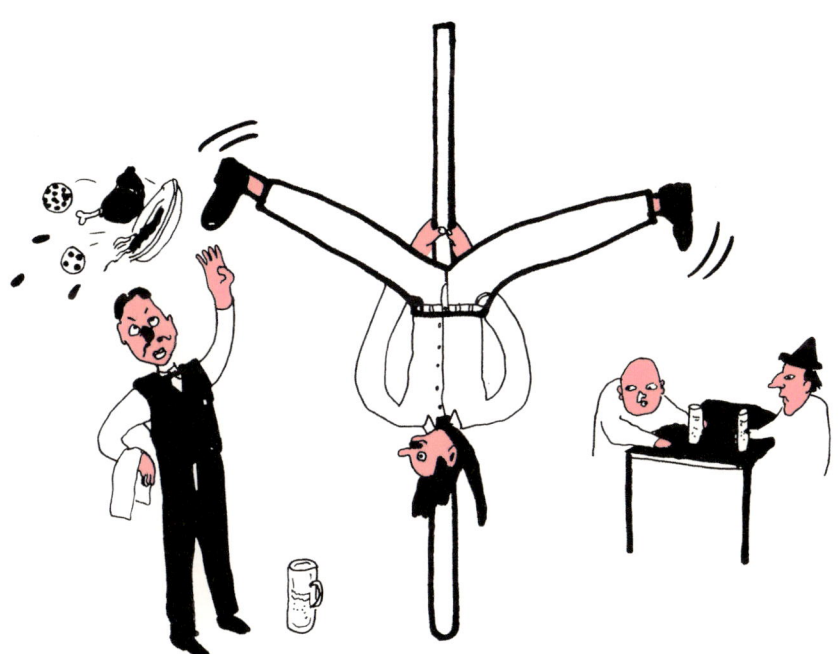

andere durch bloße Grobmotorik abgeschreckt werden.

2) Die Lichtverhältnisse müssen perfekt abgestimmt sein – ist es zu dunkel, kann niemand den Präzedancer in den entscheidenden drei Minuten sehen – länger hält es kein normaler Mensch allein auf der Tanzfläche aus. Ist es zu hell, offenbart sich, dass der Tanzvorgang bei Lichte besehen lächerlich und nicht ansteckend wirkt.

3) Die Musik muss aus einem bekannten, aber nicht coolnessvermindernden Lied bestehen; hier wirkt interessanterweise Michael Jackson am besten, weil sich dazu jeder Stil,

von Herzen, aber auch ironisch tanzen lässt.

4) Die allgemeine Stimmung muss erwartend, aber nicht abwartend sein. Doch zu hoher Erwartungsdruck legt Maßstäbe an den Präzedancer an, die selbst Fred Astaire nur an guten Tagen erfüllt hätte.

Dass alle diese Faktoren nur überaus selten zusammentreffen, ist der eigentliche Grund dafür, dass nur 3 bis 7 % aller Partys, auf denen man je zu Gast war, gute Partys waren. Subjektiv lässt sich diese Quote allerdings durch den Einsatz von chemischen Tanzstoffen erheblich steigern.

SCHWENDEN

Der Begriff «verschwenden» ist allseits bekannt. Weniger bekannt ist der Gegenbegriff schwenden, also nicht der sinnlose Verbrauch in größten Mengen, sondern der sinnvolle Verbrauch in ebenso großen Mengen. Während der Verschwender das Geld zum Fenster herauswirft, achtet der Schwender bei derselben Tätigkeit darauf, dass unten jemand steht, der mit dem herausgeworfenen Geld etwas anfangen kann. Aus der Nähe ist verschwenden manchmal nicht von schwenden zu unterscheiden; eine Lokalrunde Champagner zu schmeißen mag zum Beispiel verschwenderisch wirken. Häufig kommen aber auf diese Weise Berufskontakte, Sexualpartner oder beides gleichzeitig zustande – zu einem Bruchteil des marktüblichen Preises.

ARMANGST

Armangst ist die Angst vor Armut, weil sich Armutangst so komisch anhört.

FEIERMITTAG

Wenn man im Büro schon um 13 Uhr merkt, dass heute eh nichts mehr geht, muss man nicht bis zum Feier-Abend warten.

BRINGO!

Ausspruch der Freude, wenn trotz fehlender Absprache und allgemeiner Planlosigkeit zum Brunch im Freundeskreis mehr als fünf verschiedene Lebensmittel mitgebracht werden und nicht zwölfmal Brötchen.

WG (WAHN-GEMEINSCHAFT)

Personen mit ähnlichen Verwirrungen und Störungen ziehen sich an, weil sie sich gegenseitig als Beweis ihrer Normalität betrachten. In großstädtischen Wohngemeinschaften mit hohem Mitbewohnerdurchlauf ergeben sich so mit der Zeit Wahngemeinschaften, in denen sämtliche Beteiligte einen an der exakt selben Waffel haben.

DISK.O.

Völliger Erschöpfungszustand nach einer im Club bei lauter Musik durchgefeierten Nacht.

LEUTESCHEMA

Ein Leuteschema ist ein völlig wahlloses Beuteschema. Der veraltete Begriff des Beuteschemas suggeriert, dass sich alle Sexualpartner einem bestimmten Typus zuordnen ließen. Tatsächlich würden 95 % aller sexuell Aktiven nehmen, was sie kriegen können und nicht auf den allerersten Blick geistesgestört oder langweilig ist, also irgendwelche beliebigen, normalen Leute, die damit ins Leuteschema passen.

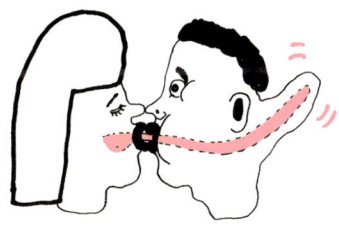

ZACKHAFT
Gegenteil von zaghaft.

UNTER-ICH
Im Freud'schen Sinn kommt das Über-Ich dem Gewissen nahe, durch die Eltern und andere moralische Instanzen eingepflanzt. Das Unter-Ich ist hingegen der Teil des Ichs, der für unnützes Herumliegen, übermäßiges Trinken und sonstigen Quatsch zuständig ist. Insbesondere das Prokrastinieren, also das Aufschiebeverhalten, ist im Unter-Ich verankert. Während die anderen Teile der Psyche damit beschäftigt sind, ständig irgendetwas zu tun, ist das unscheinbare Unter-Ich stets damit beschäftigt, alles Mögliche zu lassen – zum Beispiel aufzustehen, maßzuhalten oder der Vernunft zu folgen. Das Unter-Ich ist auch als Vermeide-Ich bekannt. Mit etwas vermiedenem Training gelingt es Begabteren, bis zu zwölf Dinge gleichzeitig zu unterlassen.

GÖNNIG
Gegenteil von neidisch. Nachdem gönnerisch und gönnerhaft von der neidischen Sprachwelt in den Dreck gezogen wurden und ebenso wenig positive Bedeutungen haben wie neidisch selbst, ist gönnig als Gegenspieler notwendig geworden. Gönnig ist, wer sich freut, wenn Dritte im Lotto gewinnen oder befördert werden. Das neue Adjektiv gönnig muss im deutschen Sprachraum allerdings künstlich am Leben gehalten werden, da das entsprechende Verhalten hierzulande in freier Gesellschaft nicht vorkommt.

KLOSETTE
Das zu einem gleichschenkligen Dreieck geformte Toilettenpapierende im Bad eines Hotelzimmers. Wie und warum die jahrdutzendealte Tradition der Klosettenfaltung entstanden ist und weshalb sie bis heute fortgeführt wird, wird von Wissenschaftlern wie Susan Blackmore derzeit intensiv erforscht. Mit ersten Ergebnissen wird nicht vor 2021 gerechnet.

SCHULDFREUND
Wenn man sich nach Jahren wieder trifft und sich erst herzlich begrüßt, aber sich dann erinnert, dass man sein Gegenüber in der Schule verprügelt oder betrogen hat, dann hat man einen alten Schuldfreund vor sich. Es empfiehlt sich die geschwinde Verabschiedung, bevor es dem Gegenüber auch wieder einfällt.

BORNIO
Heimat aller Bornierten. Nicht zu verwechseln mit Borneo. Borneo ist eine Insel, Bornio ein Zustand.

UNIVERSUMME
Die absolute Gesamtzahl von irgendetwas im gesamten Universum, jemals, aufaddiert. *Beispiel: Die Universumme aller akzeptablen James-Bond-Darsteller ist zwei (Sean Connery und dieser andere da).*

FLIEBER

Der fiebrige Zustand heraufziehender Verliebtheit,
feuchthändiges, vor Schmacht dampfendes Sehnen
nach einer Person, die allein durch Gedankenkraft
und Blutwallung die Körpertemperatur auf eine gefühlte Temperatur von bis zu 69 °C erhöht.

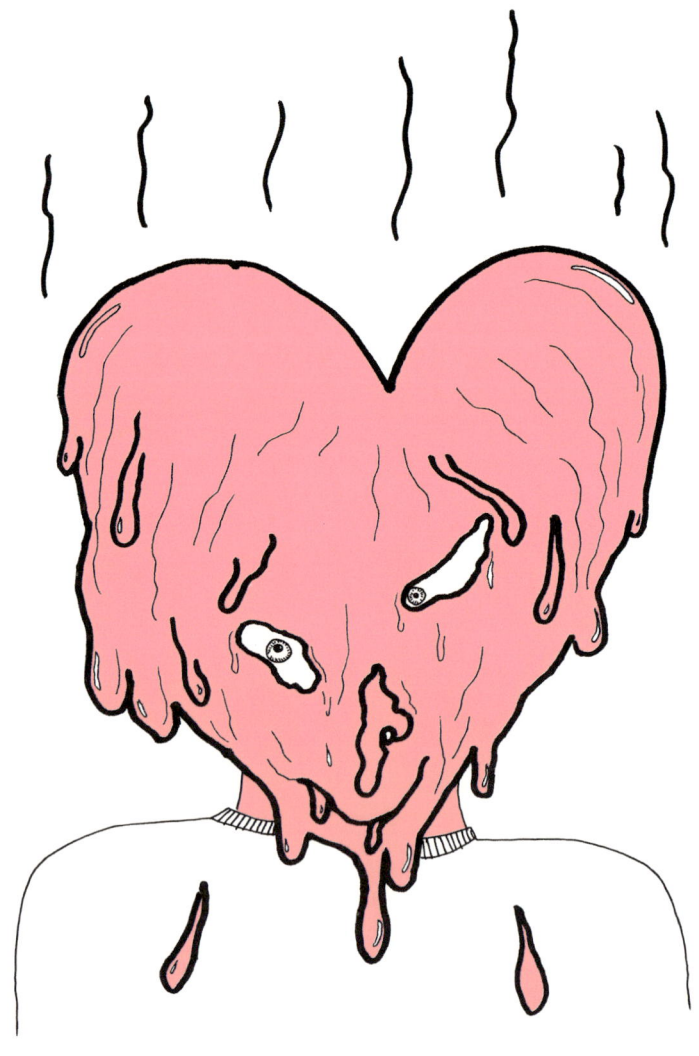

ZWISCHEN MENSCHEN

SMALLERTALK

Partygespräch ist nicht gleich Partygespräch. Selbst absolute Oberflächlichkeit kennt noch Qualitätsunterschiede. Deshalb gibt es den Begriff Smalltalk für den belanglosen Unsinn, der am Buffet gesprochen wird, und Smallertalk für Unterhaltungen mit der Interessantheit von Facebook-Statusmeldungen. Die Existenz von Smallesttalk wird von Fachleuten seit einiger Zeit postuliert, konnte aber bisher wegen der Weigerung der Friseurinnung, flächendeckende Feldforschungen zu erlauben, nicht eindeutig nachgewiesen werden.

DISKONVERSATION

Durchaus vergleichbar mit ➜ Smallertalk gehört die Diskonversation – der bei hoher Lautstärke beidseitig geratene Dialog in der Diskothek – in den Bereich der Beinahe-Kommunikation. Zwischen geschlechtlich aneinander Interessierten funktioniert die Diskonversation völlig unabhängig vom Inhalt. Der in vielen Fällen sitzende, passive Partner demonstriert, dass er sich nicht von vorbeilaufenden Dritten ablenken und abschleppen lässt. Der oft vorgebeugt herumstehende, aktive Partner zeigt, dass er noch stehen kann und damit für den Geschlechtsakt motorisch qualifiziert ist. Da bei der Diskonversation inhaltlicher Austausch durch die Umgebungsgeräusche so gut wie ausgeschlossen ist, simulieren die Partner die Unterhaltung lediglich und geben unartikulierte Grunz- und Quiekgeräusche von sich, die dem Zweck des Vorhabens auch wesentlich angemessener erscheinen als die gegenseitige

Versicherung, mit den Scorpions wenig anfangen zu können.

KOPFHÖRIG

Ohne Kopfhörer völlig aufgeschmissen, Normalzustand zurechnungsfähiger Menschen in Fahrzeugen des öffentlichen Personennahverkehrs. Der Kopfhörige weiß, dass er sich vor den Gesprächsfetzen, musikalischen Wirrnissen und mitgehörten Telefonaten anderer Passagiere schützen muss, um nicht binnen 20 Minuten unter nervösen Zuckungen an Hirnfäule zu verenden, begleitet vom begeisterten Applaus derjenigen, die den Todeskampf für eine Breakdance-Vorführung halten.

BETRAMPELT

Wenn Situationen so peinlich sind, dass «betreten» nicht mehr ausreicht, herrscht betrampeltes Schweigen.

ZWANGEBEN

Der moderne Mensch ist im 21. Jahrhundert immer wieder gezwungen anzugeben. Dieser Zwang zum Angeben heißt zwangeben. Mündlich im Vorstellungsgespräch und schriftlich im dazugehörigen Lebenslauf geht es darum, die eigenen Leistungen in gleißendem Glanz darzustellen. Ebenso verhält es sich, wenn man einen Kredit aufnehmen oder auch nur eine muffige Wohnung anmieten möchte. Ohne die Behauptung, dass die restliche Familie in toto aus bürgenden Beamten auf Lebenszeit besteht und man selbst wegen des unmittelbar bevorstehenden Nobelpreisgewinns beruflich und finanziell ausgesorgt hat, ist beides praktisch unmöglich. Zwangeben ist der deutlichste Beweis, dass die vorgebliche Tugend Bescheidenheit eitle Zierde für Momente ist, in denen es nicht drauf ankommt. Stattdessen herrscht offenkundig die Pflicht, in sämtlichen Schlüsselsituationen des eigenen Lebens kräftig auf den Schlamm zu hauen. Zwangeben hat jedoch auch gute Seiten. Zum einen wird die Welt lustiger, wenn 23-Jährige in ihren Lebensläufen von zehnjähriger Berufserfahrung im Ausland sprechen, zum anderen wächst das gesellschaftliche Verständnis für das Übertuschen unangenehmer Unzulänglichkeiten. Abgesehen davon wird – weil es jeder tut – die Darstellung der eigenen Perfektion ad absurdum geführt, also dorthin, wo sie hingehört.

BEVORMUNTERUNG

Der verkrampfte Versuch, andere aufheitern zu wollen, weil man schlechte Laune nicht erträgt. Die Bevormunterung kommt besonders oft von Leuten, die ihre gute Laune aufrechterhalten müssen, weil jede Annäherung an die emotionale Realität sie aufgrund ihrer unerträg

lichen Gesamterbärmlichkeit in den sofortigen Selbstmord treiben würde.

HALBJA

Jein enthält für ernsthafte Unentschlossenheit zu viel «nein» (75 %). Deshalb gibt es «halbja», das exakt 50 % ja beinhaltet.

UNDER

Das verkrampfte «und / oder» sieht hässlich aus und unterbricht den Lesefluss. Stattdessen gibt es jetzt under.

PHAST

Das schöne deutsche Wort «fast» findet Anwendung, wo irgendetwas nicht ganz reicht – aber beinahe. Dem liegt ein famoser Optimismus zugrunde, denn im «fast» schwingt mit, dass es auch hätte reichen können. Wenn man diesen Optimismus unterstreichen und noch weiter ausbauen möchte, kann man von «phast» sprechen. So wird deutlich, dass das nicht ganz Passende bei phast nur aufgrund einer etwas ungünstigen Phase nicht

ZWISCHEN MENSCHEN

ausreicht. Phast ist also noch knapper vorbei als nur fast.

MAILBOXEN

Sich gegenseitig telefonisch nicht erreichen und deshalb wechselseitig auf die Mailbox sprechen, so lange, bis genau dieser Umstand thematisiert wird. Das Mailboxen dauert drei bis zehn Runden und wird dann durch entnervtes Aufgeben eines oder beider Teilnehmer abgebrochen. Den Weltrekord im Mailboxen hält ein inzwischen geschiedenes Ehepaar aus Bern, das sich seit neun Jahren in bisher 26.400 Anrufen gegenseitig auf die Mailbox spricht.

ABSCHULTERN

Jemanden abzuschultern ist eine soziale Kunstform. Wenn sich auf Partys oder in Arbeitspausen zu einer vertrauten Kleingruppe ein unerwünschter Teilnehmer dazustellt, kann man ihn nur abschultern: sich gemeinschaftlich so hinstellen, dass er anhand der Körpersprache ohne weitere Kommentare seine Ungewolltheit erkennt. Jemanden abzuschultern wirkt allerdings nur bei einigermaßen empfindsamen Charakteren, die eine Abwendung auch bemerken. Je grauenvoller eine Person ist, desto geringer sind die Chancen, dass Abschultern funktioniert.

FEIERWERT

Der Feierwert gibt die Erwünschtheit von Partygästen auf einer gesellschaftlichen Skala an. Er reicht von 10 (Natalie Portman als Single) bis 0 (Hitler betrunken). Gäste unterhalb des Feierwerts 3 (Dieter Bohlen in Musizierstimmung) – bei Junggesellenabenden 2 (Jack the Ripper) – sind in der Lage, jede Party durch ihre bloße Präsenz in Minuten zu zerstören. Der weltweit niedrigste, bisher in der Natur beobachtete Feierwert war 1,25, als Idi Amin hungrig und mit eitrigem Ausschlag im Gesicht an einer Einschulung teilnehmen wollte.

PHLOSKEL

Die Floskel sagt nichts, die gleichklingende Phloskel noch weniger, nämlich das genaue Gegenteil des Gesagten. Das «Ph» am Anfang eines Wortes deutet in der deutschen Sprache wegen der Verwandtschaft mit «pff» auf völlige Nichtigkeit hin, vergleiche: Phrase, Phlegma, Physalis (die Phrucht mit dem geschlechtskrankheitsähnlichsten Namen überhaupt). Die Phloskel unterscheidet sich von der Floskel in der Regel nur durch die Betonung. Die Abschiedsfloskel «Auf Wiedersehen» heißt nur selten, dass man sich wirklich wiedersehen möchte. Als Phloskel betont, bedeutet «Auf Wiedersehen», dass man sich eher eine zufällige Begegnung mit einem Meteoriten wünscht als mit der betreffenden Person.

HAARMUT
Schöneres Wort für Halbglatze.

PLATONISCHE FRAGE
Während eine rhetorische Frage ohne Antwortwunsch nur symbolisch gestellt wird, ist die platonische Frage wie die platonische Liebe eine, die um das Wesentliche herumtänzelt. Die platonische Frage verlangt dringend eine Antwort, allerdings eine ganz andere, als der ungeübte Beobachter glaubt.
So ist zum Beispiel bei einem ersten Date die platonische Frage «Sollen wir kochen oder DVD schauen?» zu beantworten mit «Zieh dich aus».

JEKYLL-HYDE-GRAY-EFFEKT
Dieser sowohl nach Dr. Jekyll und Mr. Hyde sowie nach Dorian Gray benannte Effekt äußert sich in der absurden Attraktivitätsschwankung des eigenen Spiegelbildes. Nach erratischen Faktoren erscheint das eigene Abbild im Badezimmerspiegel zehn Jahre jünger oder zwanzig älter, die gefühlte Figur amplitudiert von fett bis dürr, die angenommene Sexyness oszilliert zwischen Marlene Dietrich 1927 und Marlene Dietrich heute. Wissenschaftliche Erklärungen für dieses Phänomen gibt es bis heute nicht,

die derzeit plausibelste Vermutung ist, dass die menschlichen Augen eigene Drogen produzieren.

RHETORISCHE LIEBE
Die platonische Liebe und die rhetorische Frage haben ein ungewolltes Kind, die rhetorische Liebe. Sie besteht aus Phrasen und Floskeln und aus nichts sonst. Die rhetorische Liebe sind die mit dem Mund gesprochenen Worte, während die Augen eine vorbeilaufende, attraktive Person verfolgen. In der rhetorischen Liebe verschieben sich einige emotionale Bedeutungen. «Für immer» etwa heißt dann so viel wie «im Moment» oder sogar «gar nicht, aber ich habe keine Lust, Diskussionen zu provozieren».

UNTERDREHT
Das Gegenteil von überdreht. Wer zu Silvester um zwölf Uhr in Gegenwart von mehr als einer anderen Person und entsprechenden Alkoholvorräten noch immer die Ungerührtheit der Queen auf Valium versprüht, ist eindeutig unterdreht. Das erbitterte Vermeiden jeder Gefühlsregung ist unangenehmer als eine durchschnittliche Hysterie und deutlich weniger unterhaltsam.

UNSTRENGEND
Das Gegenteil von anstrengend. Bisher unanstrengend genannt, was aber viel zu anstrengend auszusprechen ist.

HYGIENSEITS

Im Englischen als «beyond washing» bekannt, spricht man von hygienseits, wenn selbst abwechselnde Bäder in Salzsäure und kochendem Desinfektionsmittel die Durchseuchung nur schrittweise verringern. Das Wort ist auch als Substantiv zu verwenden. Personen, die sich im geruchlichen Hygienseits befinden, können ihren Körperduft verbessern, indem sie sich eine Stunde in einer Rugby-Umkleide aufhalten oder ein wenig vergorene Jauche auftragen.

53

TRUNKELN

Betrunkenes Torkeln der Sorte, die man selbst nicht oder ärgerlich spät erkennt. Trunkeln ist für die meisten Unfälle im Haushalt nach 22 Uhr verantwortlich sowie für ein Drittel der Umsätze der Geschirrindustrie. Beim Trunkeln trennen sich die motorische Bewegungsplanung im Gehirn und ihre körpermechanische Umsetzung um bis zu 105 % oder 23 Sekunden.

EXMOTIONAL

Die betont unemotionale Haltung gegenüber Expartnern ist exmotional. Daraus folgt auch, dass exmotional nicht das Gegenteil von emotional ist, sondern die Steigerung im Verborgenen. Der korrekte Umgang mit Expartnern ist nicht exmotional, sondern besteht aus nur zwei Möglichkeiten: glühende, immerwährende Ablehnung oder eine lose, aber einigermaßen herzliche Freundschaft mit unregelmäßigen Kontakten, vergleichbar mit der Verbindung zu einem ehemals besten Freund, der einem die Freundin ausgespannt hat, deren Namen man inzwischen jedoch vergessen hat.

FAHRFLUCHEN

Insbesondere beim Autofahren fluchen wie eine Hafenkneipe voll britischer Matrosen während einer für England misslungenen Weltmeisterschaft (alle seit 1966). Die Fahrfluchenden sind im normalen Leben meist → schwiegerfreundlich und zucken schon zusammen, wenn jemand den Buchstaben «M» so ausspricht, als könnte das Wort Mist daraus werden. Im Auto werden sie aber zu schimpfenden Fahrfurien, die mehr Worte für die Kopulation kennen als Grundschüler in Problemvierteln.

GRAUENVÖLLE, GRAUENVÖLLIG

Substantiv zu grauenvoll. Auch: Grauenvöllegefühl. Grauenvöllig ist die Zusammenziehung aus völlig grauenvoll, die durch die Verdichtung des Wortes noch an Intensität gewinnt. Anwendung findet das Wort im Alltag vor allem bei der Aneinanderreihung grauenvoller Erlebnisse. Darunter fällt zum Beispiel der Besuch alkoholorientierter Massenveranstaltungen mit Musikimitat aus purem Lärm.

ENORMAL

Die sich im 20. Jahrhundert siegeszugesk verbreitete Individualisierung ist im 21. Jahrhundert in der westlichen Zivilisation auf einem Niveau angelangt, wo im gesellschaftlichen Sinn praktisch alles normal geworden ist: Konsumverzicht als Religion, Metall im Genital, Beruf Webdesign, Gluten-Unverträglichkeit, Freizeit-Swahili an der Volkshochschule – Besonderssein sieht anders aus. Die Zersplitterung, Atomisierung, Eklektifikation, die schiere Unterschiedlichkeit von Lebensweisen und zugehörigen Welten hat das Wort enormal hervorgebracht. Denn wenn Minischweine als Haustier oder aberwitzigste Trendsportarten bereits als normal gelten, was ist dann der versicherungsangestellte PUR-Fan mit Golden Retriever und Billy-Regal?
Enorm normal – enormal.

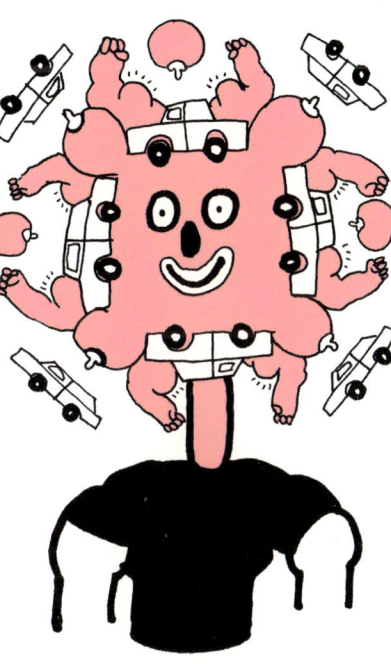

Schlagfertigkeit Trumpf gewesen wäre, die intelligenteste, witzigste, souveränste Antwort eingefallen ist – weil sie schlagunfertig sind. Unter der Anekdote, die scheinbar die eigene Unzulänglichkeit ausdrückt, aber tatsächlich die eigene tolle Idee nachträglich feiert, müssen dann die Umstehenden leiden. So als würde der Verlierer eines Boxkampfs zurückkommen und dem unbeteiligten Nachbarn einen vorher versäumten Hieb versetzen.

VERLEISEN
Leise werden. So ein schöner Vorgang, den muss es doch auch als einzelnes Wort geben. Voilà.

FÜHLING
Fühling ist die Jahreszeit, in der man verliebt ist. Obwohl bei vielen Leuten noch immer Frühling und Fühling identisch sind, haben Klimaerwärmung, Billigflieger in den Süden und allgemeine Dauererregtheit dafür gesorgt, dass sich auch Sommer, Herbst und sogar der Winter für Verliebtheitsattacken eignen. Fühling ist, wann immer man möchte.

KALEIDOSKOPF
Wenn sich in einem Kopf die immer gleichen drei Gedanken auf so viele unterschiedliche Arten spiegeln, dass der Betroffene von innen denkt, es handele sich um eine ganze Gedankenwelt, dann spricht man von einem Kaleidoskopf. Von außen erkennt allerdings jeder, dass es sich nur um bunten Ramsch in einer verspiegelten Papphülle handelt.

GARST
Nach dem dritten, konsekutiven Tag des Besuchs wird der Gast zum Garst und nervt. Dieser Prozess vollzieht sich automatisch und unabhängig von den jeweils Beteiligten. Manche Gastgeber sind jedoch auch nicht besonders sensibel und nähern sich dem Gast selbst in Alleinbleibemomenten. Sie nennen sich entsprechend Garstgeber.

SCHLAGUNFERTIG
Eines der beliebtesten Gesprächsthemen vorgeblich bescheidener Personen: wie ihnen mal viele Stunden nach einer Situation, in der

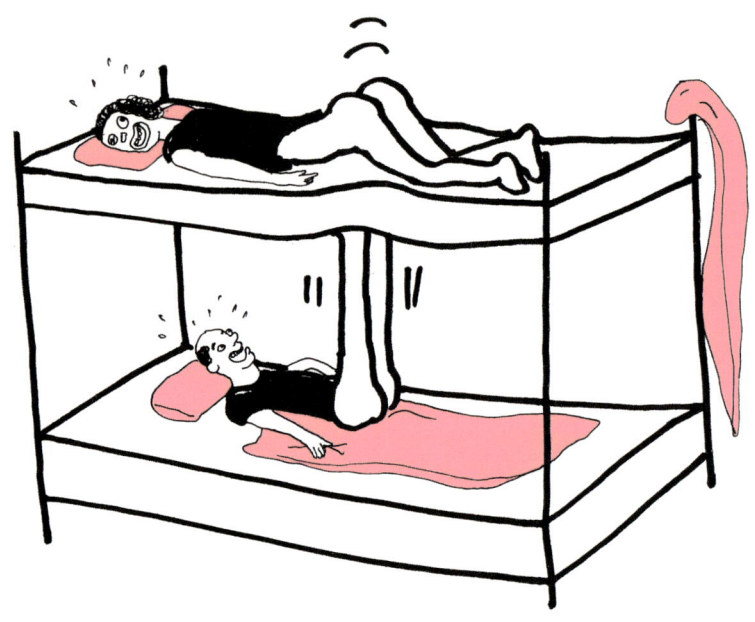

VERSCHWISTERN

Verschwistern ist die große Bedrohung für harmonische Liebesbeziehungen. Es beschreibt den Vorgang, wenn sich der vertraute Partner schleichend in eine Form von nichtleiblichem Geschwister verwandelt. Die Sexhäufigkeit nimmt ab, infantile Gereiztheitheiten und Streite nehmen zu – und irgendwann kichert man, wenn der andere unter der Bettdecke furzt, anstatt zu sagen: «Bist du bescheuert? Wie soll ich in Ekstase mit jemandem schlafen, der eben noch in meiner Gegenwart gepupst hat wie ein dreijähriges Kind?»

Allerdings ist das Verschwistern bei einigen Paaren die einzige Möglichkeit, um es überhaupt länger zusammen auszuhalten. Gegen die Verschwisterung zu kämpfen heißt auszuprobieren, ob man ein echtes Liebespärchen ist oder nur zwei Leute, die nicht allein sein wollen.

EGOMA

Die ältere Dame, Großmutter, Tante, Person, die ausschließlich an sich selbst denkt, alles auf sich bezieht und der die Fähigkeit, genau das zu verbergen, aufgrund ihres

Alters verlorengegangen ist. Das männliche Pendant heißt **Egopa** und zeichnet sich häufig zusätzlich durch die Gewissheit aus, aus der eigenen, als enorm empfundenen Erfahrung heraus das moralische und wissende Zentrum der Welt zu sein.

QUNST

Kunst, die auf sehr bemühte Weise «anders» sein möchte, heißt Qunst. Wie bei Quatsch, Quark und Qualle zu erkennen, leitet ein Start-Qu häufig Wörter ein, die wollen, aber nicht qönnen (vergleichbar mit dem → Start-Ph als Zeichen der Nichtigkeit).

URBANIEN

Urbanien ist der Teil einer Großstadt, der sich auch wirklich nach Stadt anfühlt und nicht nach einem modern verdichteten Dorf aus der Landliebe-Reklame. In Urbanien stinkt es, es ist laut und grell, überall sind Leute, der Boden zittert vor Verkehrsaufkommen, und die Kriminalitätsrate macht jedes zufällig vorbeifahrende Street-View-Auto zum prozessrelevanten Augenzeugen. Wenn eines dieser Merkmale nicht zutrifft, kann es sich um einen Zufall handeln – wenn zwei nicht zutreffen, ist man nicht in Urbanien, sondern bloß zufällig zwischen ein paar herumstehende Häuser geraten.

PHANTOMSCHERZ

Bei einem Phantomscherz handelt es sich um den Scherz, den zwar alle erwarten, der aber trotzdem ungemacht bleibt. Psychosoziale Beobachtungen zeigen, dass etwa die Hälfte einer Gruppe wenige Stunden später schwört, der Phantomscherz wäre auch tatsächlich geäußert worden. Zugeschrieben wird der Nichtgag der sprücheklopfendsten, reiseleitrigsten Person der Gruppe, die noch nicht einmal anwesend gewesen sein muss.

DANKWARKEIT

Da Dankbarkeit eines der kurzlebigsten Gefühle ist, die der Menschheit bekannt sind, ist die Umbenennung in Dankwarkeit überfällig.

VERVERLIEBEN

Sich zu ververlieben bedeutet, sich zum falschen Zeitpunkt in die falsche Person zu verlieben *(auch: fehlverliebt)*. **Ververliebtsein kommt unangenehm häufig vor, wahrscheinlich sogar häufiger als das normale Verlieben** *(vgl. auch → sich ver-heiraten und → verfrienden)*.

IDEEOT

Ein Ideeot ist jemand, dessen Ideen mit hoher Regelmäßigkeit und in jeder Hinsicht von geringer Qualität sind. Ideeoten sind fester Bestandteil aller Kollegien aller Arbeitsorte weltweit. Das liegt daran, dass in einer Gruppe intelligenzunabhängig aus der weniger zurechnungsfähigen Hälfte passive Ideeoten werden. Dieses Phänomen bezeichnet man als ideeotisches Potenzial. Situativ verwandeln sich diese passiven Ideeoten in aktive: Diskussionen über simple Alltagsprobleme treiben mindestens einen Ideeoten in die Aktivität. Gespräche über Politik, Anglizismen oder esoterische Verwirrung münden in einem Aktivitätszenit aller anwesenden Ideeoten.

WIEDERWÄSCHE

Der zweite oder dritte Waschgang, der nötig wird, wenn die bereits gewaschene Wäsche stinkt, weil man sie nicht aus der Maschine genommen und aufgehängt hat. Ab dem fünften Wiederwaschgang mit derselben Wäsche gehört man auch offiziell zum hygienisch herausgeforderten Drittel der bundesdeutschen Bevölkerung.

WETTUNDERSTATEMENT

Inzwischen ist die Paradedisziplin jedes Angebers das Angeben durch Understatement. In der Folge ergibt sich im Partytalk der Möchtegern-Alphamännchen ein Wettunderstatement. Angegeben wird dabei mit der Kunst des Verzichts, dem asketischen Selbst oder der Menge des vermiedenen Konsums. Danach fährt man angetrunken in der Dienst-Limousine nach Hause ins vegetarische Loft und trinkt ein handgebrautes Premiumbier in der Ecke, die der Feng-Shui-Berater dafür empfohlen hat.

NACHFREUDE

Das Gefühl aus Erholung und Glück nach dem Urlaub, vermengt mit einer Spur von Sorge, allzu schnell zurück in den stressigen Alltag zu geraten. Die Nachfreude hält bis zu zwanzig Minuten nach der Ankunft im Büro, bevor sie sich, meist kurz nach dem Öffnen des zwei Wochen lang verdrängten Mailprogramms, verflüchtigt.

AUSGAYEN

Als heterosexueller Mensch dem Trend folgend in schwule Lokale gehen und dabei die Schwulen nach und nach vertreiben. Funktioniert auch mit ganzen Stadtvierteln.

SCHRESSEN, GRESSEN

Eher unbekannt ist die Tatsache, dass das Verb fressen eine Zusammenziehung zweier Wörter ist: fürchterlich essen. Entsprechend bedeutet die Steigerungsform schressen: schrecklich essen. Der für manierenaffine Menschen unangenehmste Stil der Nahrungsaufnahme heißt derselben Logik folgend gressen (grässlich essen). Zur Orientierung der Abstufung dient folgende Zuordnung:

Essen: Menschen (die meisten), niedliche Tiere

Fressen: normale Tiere, Schwerbetrunkene

Schressen: monsterartige Tiere, Monster

Gressen: Zombies, unbeaufsichtigte Kinder

PARTIER

Was im 19. Jahrhundert – als sich das gesellschaftliche Leben noch in Salons abspielte – der Salonlöwe war, ist heute das Partier. Bekanntlich sind Partys das Aktionszentrum des lifestyledurchseuchten, urbanen Publikums. Dort werden Partnerschaften begonnen und verspielt, Jobs vergeben und vergebens gesucht, Geschäfte angebahnt und abgebahnt. Das Partier steht im Auge des

Feierorkans, die sozialen Bindungen tentakelgleich und strahlenförmig in alle Winkel gestreckt, und verbindet alle mit allen anderen. Verlässt das letzte verbleibende Partier eine Party, fällt die Veranstaltung zusammen wie eine Hüpfburg ohne Gebläse, und übrig bleibt ein zufälliger Haufen alkoholisiert herumstehender Verwirrter ohne sozialen Kitt.

SALDONNERSTAG

Der Tag des Monats, ab dem man sich nicht mehr traut, den Kontostand zu checken.
Fällt der Saldonnerstag auf einen Montag, empfiehlt sich die umgehende Einnahme von hochwirksamen Sofort-Antidepressiva (ab 12 % Vol.).

DIE MERKSAMKEITEN

In einer Gesellschaft, in der nicht nur jeder Mensch und jedes Medium und fast jedes Ding – vom elektronischen Herd mit Gar-Alarm bis zum Handywecker – um **Aufmerksamkeit** heischt, muss genau dieser Begriff erweitert werden. Die naheliegende Erweiterung ist die **Abmerksamkeit**, die erfolgt, wenn Aufmerksamkeit abschwillt oder – wesentlich häufiger – abdriftet. Die Abmerksamkeit lässt sich hervorragend auf bourgeoisen Stehpartys beobachten, wenn eine etwas zu betrunkene, etwas zu laute Person den Raum betritt. Die Gespräche verstummen oder ➔ verleisen, die Augenpaare wenden sich zur Lärmquelle hin, Brauen werden hochgezogen, Nasenspitzen gehoben und die Aufmerksamkeit exakt so lange auf die Störquelle gerichtet, bis diese das bemerkt. Die Partygäste möchten dem Neuling diese Genugtuung nicht verschaffen und werden abmerksam: schon wenige Sekunden später scheint nichts passiert zu sein, und das Gesprächsthema wird wieder wie üblich davon bestimmt, auf so bescheidene Weise wie möglich anzugeben, zum Beispiel mit den eigenen, durchaus genialen Kindern. **Anmerksamkeit** dagegen ist stetig anwachsende Aufmerksamkeit. Sie tritt vor allem dann auf, wenn man sich eigentlich vorgenommen hatte, auf eine Person oder ein Thema keinesfalls Zeit zu verschwenden, zum Beispiel auf Vegetarismus. Dann hört man nebenbei einen interessanten Halbsatz, den man jedoch sofort wieder vergisst. Beim nächsten Kontakt mit dem Vegetarismus erinnert man sich an den Halbsatz, und die Anmerksamkeit nimmt ihren Lauf. Wie zufällig gerät ein Online-Artikel auf den Bildschirm, eine Internet-Suche wird eher halbabsichtlich vorgenommen, das Thema saugt sich in der Gedankenwelt fest. Zu diesem Zeitpunkt beginnt die Welt, in hoher Taktung mit Informationsbrocken zum Vegetarismus um sich zu werfen, kein Fleisch hier, kein Fisch dort, noch nicht mal Eier da. Die Anmerksamkeit steigert sich in einem furiosen Finale: Jahrelange Freunde entpuppen sich als fanatische Vegetarier, die Firmenkantine verbannt Fleisch für immer, Sondersendungen im Fernsehen über Fleischlosigkeit werden von Werbung für veganen Urlaub unterbrochen, die Katze erbricht jede Nahrung außer Tofu. Der Anmerksamkeitszenit ist erreicht, es bleiben Selbstmord oder Vegetarismus.

Oder abwarten, denn Anmerksamkeit schwillt so schnell ab, wie sie gekommen ist, und nach einer Woche eröffnet gegenüber ein Biometzger mit eigenem Schlachthof. Es könnte eine Zeit der **Einmerksamkeit** beginnen – der Aufmerksamkeit nach innen. Dieses Phänomen äußert sich deutlich zum Beispiel in schlaflosen Nächten, wenn man sein eigenes Blut rauschen hört. Diese Momente innerer Einkehr sind Momente der Einmerksamkeit, das aufmerksame In-sich-Hineinhorchen. Obwohl viele dort nichts hören.

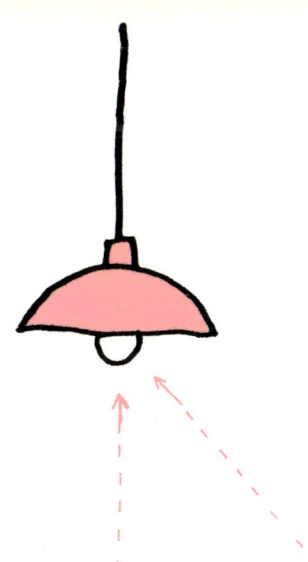

BLITTEN

Vermeintlich heimlich auf den Busen blicken. Auch das Verblitten ist bekannt, das krampfhafte, immer wieder vergebliche Wegschauen von fremden Ausschnitten. Beide Formen des Starrens gehören zu den erbärmlichsten Momenten des Kontakts zwischen Lebewesen mit und ohne Brüste. Eine Sonderform stellt das Gegenblitten dar, bei dem unter großer Kraftanstrengung der Augenkontakt gehalten wird – als ein stiller Beweis, nicht zu blitten.

BIOLOGISCHES & BIOUNLOGISCHES

MENSCHEN, TIERE, KOMPENSATIONEN

D ie Biosphäre, die Gesamtheit allen Lebens, ist uns noch immer ein gigantisches Rätsel. Mag die Wissenschaft scheinbar große Teile der Funktionsweisen und Vorgänge des Lebens erklärt haben, so ist doch ungleich mehr immer noch unbekannt. Psychische Störungen der Quallen? Welche Drogen helfen wirksam bei Liebeskummer? Züchtung von Hunden, die nass nicht stinken? Klarheit herrscht hier allenfalls an den Rändern der Erkenntnis.

Das Wunder Leben erstaunt Fachwelt und Laien immer wieder aufs Neue. So ist bis heute trotz größter Bemühungen und vielfältiger Versuche noch immer nicht eindeutig zu bestimmen, wie viele unterschiedliche Fotos von Katzen überhaupt gemacht werden können. Die jüngsten, aber recht konservativen Schätzungen, nach denen auf ein Gigabyte Speicherplatz auf Internetservern zweihundertfünfzig Katzenfotos kommen, deuten auf eine Zahl von 155 Schrillionen möglichen Bildern hin.

Die menschliche wie auch die tierische und erst recht die pflanzliche Existenz wirkt dabei aber insgesamt wenig durchdacht. Allein diese Tatsache spricht deutlich für die Evolution und gegen all den esoterischen Humbug, der sich «Intelligent Design» nennt. Denn über weite Teile der Natur lässt sich alles Mögliche sagen, außer dass sie intelligent designt wäre. Welcher allwissende Gott würde Nachtfalter so nachlässig zusammenschustern, dass sie eine Lampe mit dem Mond verwechseln? Worin genau besteht die Gestaltungsintelligenz, dem Großstädter den Ficus Benjamini als Zimmerpflanze aufzuzwingen, der in 97 % aller Fälle nach zwei Monaten eingegangen ist? Hätte eine intelligente Instanz nicht wenigstens dafür gesorgt, dass die für die gesamte Schöpfung überlebenswichtigen Bienen nicht aus läppischen Umweltgründen sterben wie die Fliegen?

Die neuen Worte rund um das Leben und ihre Folgen bringen zwar kaum Klarheit in diesen Fragen. Aber mit ihnen lässt sich endlich benennen, was bisher bloß namenlos existierte, und das war ja schon immer eine der wichtigsten Aufgaben der Biologie.

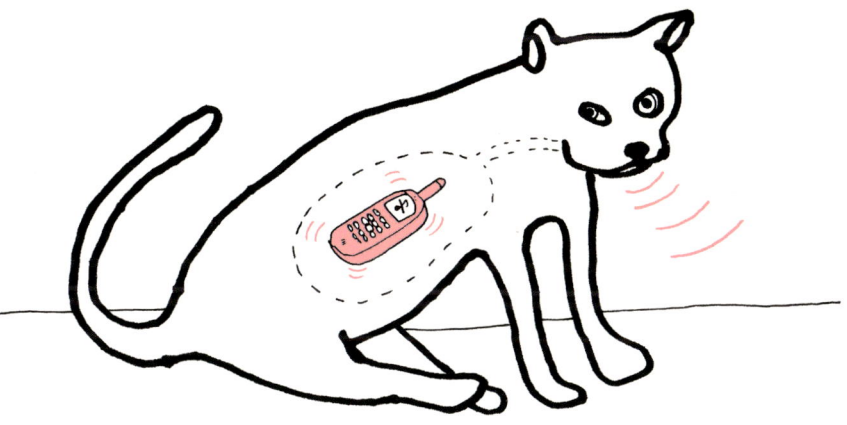

KRIBBE

Das Organ, mit dem Katzen schnurren. Bis heute weiß niemand, wie es genau funktioniert und wo es ist. Das sollte aber kein Hindernis dafür sein, es schon mal zu benennen.

JETLÄGERIG

Das fehlende Adjektiv zu Jetlag.

FASTFORMEL

Während die Faustformel lediglich dem groben Abschätzen dient, kommt die Fastformel mathematisch wesentlich näher an die eigentliche Lösung heran. Aber eben nur fast.

SOMMERSTAUB

Die Mischung aus Grashalmen, toten Ameisen, Erde, Sand und Eiswaffelkrümeln, die nach einem langen Sommer an der Unterseite der Ausflugsdecke klebt und sich noch viele Monate lang in Wohnung und Auto verteilt. In Zelten kann Sommerstaub bis zu vierzig Jahre mit nur leichten geruchlichen Veränderungen überdauern.

SCHLUMM

Die übelriechenden, weißlich gelben, glitschigen Bröckchen, die man von Zeit zu Zeit aushustet, haben bereits einen medizinischen Namen, der hier nicht genannt werden soll, weil er so enttäuschend profan klingt. Schlumm dagegen hört sich an wie eine Mischung aus Schlamm, schlimm und schlucken. Und genau darum handelt es sich ja auch.

WUNDERBARIUM

Ein nagelneues Spurenelement ist von Alltagsforschern entdeckt worden: das Wunderbarium. Es entsteht, wenn im Frühsommer eine sanfte Brise in der Morgensonne in ein Gesicht geweht wird.

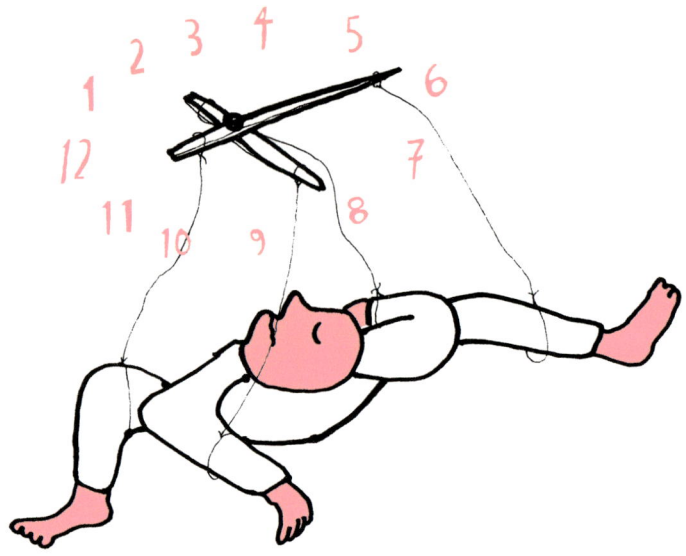

SCHLAFSCHLAFF

Kurz nach dem Aufstehen sind die meisten Leute schlafschlaff. Dabei lassen sich auch bei größter Anstrengung maximal 2 % der Muskeln und der Muskelmasse gleichzeitig bewegen. Der Schlag auf den Wecker erfordert übermenschliche Anstrengung, die eigenen Füße scheinen aus verdichtetem Blei und sind beim Gehen kaum anhebbar, die Kaffeetasse fühlt sich an, als hätte jemand ein mittelgroßes Schwarzes Loch darin versteckt.

DAS

Nicht mehr durstig, das lange gesuchte Gegenstück zu satt. Die ursprünglich dafür vorgesehene Fehlschöpfung «sitt» kann alternativ entweder als Kurzform von sittsam oder Beschreibung der Konsistenz von Silikonkitt benutzt werden.

EARLING
Neues Wort für den Frühling.

VÖLIG
Zusammenziehung aus völlig ölig, nicht nur, weil sich die Ölkatastrophen in letzter Zeit gehäuft haben, sondern auch, weil die Wendung völlig ölig sowohl geschrieben pannig aussieht als auch gesprochen so wiederholig wirkt wie ein Interview mit dem eigenen Echo.

BIOLOGISCHES & BIOUNLOGISCHES

EGALLE

Dieses neuentdeckte Organ ist für das Egalfinden im Körper verantwortlich. Es besteht aus einem kleineren Teil im Gehirn und einem größeren Part im Bauch, die arbeitsteilig jeweils für die rationale und emotionale Egalfindung zuständig sind. Das Sprichwort «Mir kommt die Galle hoch» ist verkürzt; eigentlich muss es darin Egalle heißen, die Bedeutung ist ursprünglich also: es ist mir nicht mehr egal.

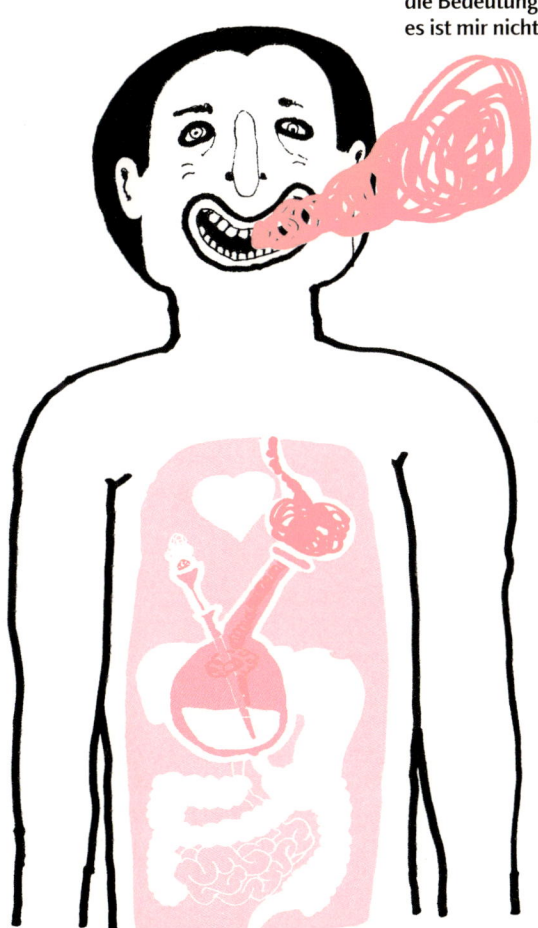

65

NEUE GRAMMATISCHE ENTWICKLUNGEN

WORTARTVARIATIONEN, VERBFORMEN, SPRACHANPASSUNGEN

VORSICHT.
DIESES KAPITEL IST KOMPLIZIERT
UND LEGT WENIG WERT AUF UNTERHALTSAMKEIT.
ES IST DESHALB NUR FÜR DAS INTELLIGENTESTE
DRITTEL DER LESER DIESES BUCHS GEEIGNET.

ALLE ANDEREN ÜBERBLÄTTERN ES BITTE, UM SICH
NICHT MIT EINEM UNVERSTÄNDLICHEN
GRAMMATIK-KAPITEL DEN LESESPASS ZU VERSAUEN.

Es ist übrigens nicht schlimm, nicht zum intelligentesten Drittel irgendeiner Gruppe zu gehören. Es gibt sehr intelligente Leute, die unglücklich, arm und unsympathisch sind. Das soll nicht falsch verstanden werden,

Intelligenz ist schon toll, jedenfalls aus der Innenperspektive, aber ohne einen mittelgroßen Haufen anderer Eigenschaften und Fähigkeiten auch nicht besser als ein Ferrari im Badesee.

D

ie deutsche Sprache kennt soundso viele Wortarten. Natürlich sind sie nicht alle auf einmal erfunden worden. Niemand würde bestreiten wollen, dass die Interjektion, also zum Beispiel «Grumpf», «Uu-uu-ah-ah» oder Erika Fuchs' geniales «Ka-Bumm» die allererste Wortart war, bevor dann aus der Hüfte geschätzte 12,5 Millionen Jahre wenig an der Wortartenfront passiert sein dürfte. Die jüngste Wortart ist sprachgeschichtlich gesehen überraschenderweise das Adjektiv, das als eigenständige Wortart wohl erst 1767 klassifiziert wurde (in dem französischen Standardwerk von Nicolas Beauzée «Grammaire générale, ou exposition raisonnée des éléments nécessaires du langage», das natürlich niemand gelesen, das sich in Quellenangaben aber als äußerst beeindruckend herausgestellt hat). Davor war die nähere Bestimmung von Substantiven einfach als Partizip eingeordnet worden. Das mag sich überraschend anhören, aber so irre weit sind das «rote Auto» (Adjektiv) und das «rotlackierte Auto» (Partizip) nicht voneinander entfernt, als dass man sie nicht einfach in denselben Grammatiktopf hätte schmeißen können. Wenn es damals schon Autos gegeben hätte.

Bis auf ein paar Vereinfachungen und Zusammenlegungen von angeblich minderwichtigen Wortgruppen wie Interjektionen und Artikeln zur Wortgruppe Partikel ist lange nichts mehr passiert bei den Wortarten. Wie auch generell die deutsche Grammatik die spielerische Flexibilität eines Vollbetonbunkers mitbringt.

Noch immer dürfen weder «obwohl» noch «weil» Hauptsätze einleiten, obwohl das tut jeder, zumindest mündlich. Über die langsamen Veränderungen der Sprache kann man gut und oft streiten, wenn man ein Faible für die unoriginellen Gesprächsthemen der Halbbildungselite hat.

Viel interessanter sind die schnellen Veränderungen der Sprache. Diejenigen, die nicht nach 37 Jahren Diskussion des Deutschen Sprachrats (vermutete Instanz) unter Versendung einer gefaxten Pressemitteilung in den Duden aufgenommen werden, sondern die gegen den Willen der bastiansickigen Sprachpflegeversicherer einfach so passieren. Der Sprache selbst ist es recht egal, ob hinter dem Wort «Opfer» im Wörterbuch eine moderne Zweitbedeutung (vulg.) steht oder nicht. Die folgenden Vorschläge für Neu- und Weiterentwicklungen der Sprache beziehen sich auf tatsächliche, unterstellte oder erfundene weiße Flecken auf der Sprachlandkarte. Das ist aber nicht weiter schlimm, denn wie uns schon Philipp von Zesen lehrt, ist Sprache eh nur ausgedacht.

SUPERSTANTIV

Eine der größten Ungerechtigkeiten der deutschen Sprache ist, dass jedes noch so alberne Adjektiv gesteigert werden kann (sogar albern selbst) – aber nicht einmal die famosesten Substantive. Aus dieser sprachlichen Unzulänglichkeit sind viele grausame, lächerliche oder schlicht dumme Wortschöpfungen entstanden, vom Superwahljahr (wer findet das eigentlich super?) bis zum Fabelweltrekord (Fabel heißt eigentlich was ganz anderes, mit sprechenden Tieren).

Damit ist nun endlich Schlusssss. Die dringend benötigte Steigerung eines Substantivs heißt: Superstantiv. Um ein beliebiges Substantiv zu steigern, werden zwei Methoden eingeführt. Die buchstäbliche Steigerung und die doppelnde Steigerung, die in anderen, sich geschmeidiger an die Bedürfnisse der Nutzer anpassende Sprachen bereits existiert. Die doppelnde Steigerung kann bei jedem Substantiv angewandt werden, in dem es zweimal hintereinander gesprochen oder geschrieben wird. Die beiden Worte werden dabei gemäß den Rechtschreibregeln für zusammengesetzte Worte (Komposita) aneinandergehängt, Binnenmajuskeln gibt es nicht. Im Schriftdeutschen ist auch das Anfügen der Ziffer 2 an das Wort erlaubt. Größere Ziffern dienen der weiteren Steigerung bis ins Unendliche ∞.

Etwas komplizierter ist die buchstäbliche Steigerung von Substantiven. Dabei wird ein Buchstabe des Wortes verdoppelt, vorzugsweise ein Vokal oder ein klingender Konsonant. Um das Superstantiv immer weiter steigern zu können, lassen sich die Buchstaben auch noch häufiger wiederholen. Wie im folgenden Beispiel lässt sich mit der Wahl des gedoppelten Buchstaben sogar die inhaltliche Richtung der Steigerung präzisieren. Sehr gut eignet sich dafür das Wort Stress.

A) STRESSSS

Die naheliegendste Variante ist, den Schlussbuchstaben zu verdoppeln. Doppelkonsonanten gelten als ein Buchstabe, so kommen die vier «s» am Ende des Wortes zustande. Die Bedeutungsverschiebung: Stresss ist langgezogener, spitzer und bohrender als der normale Alltagsstress.

B) STRRESS

Durch die Verdopplung des «r» wird die aggressive Komponente des Stresses gesteigert. Noch deutlicher wird der aggressive Anteil in der Erweiterung Strrress oder Strrrress.

C) STREESS

Die Verdopplung des «e» betont bei der Steigerung den Leidensfaktor. Man stelle sich den geplagten, selbstmitleidigen Studenten vor, der davon spricht, dass er wegen der kommenden Klausur unter schlimmstem Streeeeeeess leidet, und dabei den Handrücken vor die Stirn schlägt.

BEISPIELE FÜR IN UNTERSCHIEDLICHEN INTENSITÄTEN GESTEIGERTE SUBSTANTIVE:

- *der Alaaaaarm*
- *die Dummmheit*
- *das Autoauto*
- *der Schneeschnee*
- *die Notnot*
- *das Grrrrauen*
- *die Liiiiiebe*
- *der Rauschrausch*
- *der Katerrr*
- *das Metttt*

DER DUPERLATIV

Als 1986 in Tschernobyl ein Atom-unfall passierte, war die Abkürzung GAU, Größter Anzunehmender Un-fall, trotz des Superlativs «Größter» nicht mehr genug. Flugs erfand man den Super-GAU: eines der frühen Anzeichen dafür, dass der Superlativ ein Ding des 20. Jahrhunderts war. Aber schon zu Beginn des 21. Jahr-hunderts zählt in vielen Bereichen alles, was zuvor als unübertrefflich galt, gerade mal als mittelmäßig. Die Gesellschaft braucht heute mehr als nur den Superlativ, dessen Strahlkraft durch die überhäufige Benutzung matt geworden ist. Dafür gibt es den Duperlativ, den gesteigerten Superlativ. Gebildet wird er ganz simpel durch die noch-malige Steigerung des Superlativs:

> *groß,*
> *größer,*
> *am größten,*
> *am größtesten.*

Diese Form mag sich für den → konversativ aufgestellten Sprachfreund zunächst befremdlich anhören, aber der Duperlativ ist von allen neuen Wortformen wahr-scheinlich die nötigste.

PARTIZIP PRÄFEKT

Die deutsche Sprache kennt für Ver-ben ein Partizip Präsens *(z.B. kau-fend)* zur Beschreibung gegenwärtiger Geschehnisse. Dazu kommt das Partizip Perfekt *(z.B. gekauft)* zur Beschreibung von Vergangenem. Das vermeintlich fehlende Partizip Futur wird durch eine Hilfskonstruk-tion mit dem Infinitiv ersetzt: wir werden rennen. Es fehlt jedoch eine Verbform, die Vergangenheit und Gegenwart verbindet – für alles, was bereits angefangen hat und ver-mutlich auch noch in der Zukunft andauern wird. Dafür wird nun das Partizip Präfekt eingeführt, eine Mischung der Partizipien Präsens und Perfekt. Und genauso wird es auch gebildet.

Kennzeichen für das Partizip Präsens ist die Verb-Endung
> *-end,*
> *-elnd oder*
> *-ernd*
> **(kaufend, bastelnd, kichernd).**

Das Partizip Perfekt hat die Vorsil-be ge- und endet meist auf -t (ge-kauft). Das brandneue Partizip Prä-fekt vereint die Vorsilbe ge- und die Endung auf -end und lautet also: gekaufend.

In der Alltagssprache verwendet wird es wie das Partizip Präsens: Der gelaufende Hase läuft schon eine ganze Weile weg und tut das auch immer noch. Vermutlich rennt er bis in alle Ewigkeit, Hasen sind ja nicht besonders intelligent.

VERNEINTE ARTIKEL UND PRONOMEN

Es ist eine sprachliche Ungerechtig-keit, die bisher wenig bis gar keine Aufmerksamkeit bekommen hat: um etwas näher zu bestimmen, gibt es fast ein halbes Dutzend verschie-dener Artikel: eine, ein, der, die, das. Dazu kommen die unterschiedlichen Beugungen wie den, dem, des. Um nichts zu bezeichnen, gibt es eigent-lich nur das Wörtchen «kein», das recht offensichtlich auch noch vom «ein» abgeschrieben ist. Zudem wird es unverständlicherweise offiziell als unbestimmtes Pronomen geführt.

Das ist nicht nur diskriminierend gegenüber dem Nichts. Es ist auch unlogisch, da es viel mehr und viel tollere Dinge nicht gibt, als es gibt. Den paar existierenden Geschmacks-richtungen an Pudding zum Beispiel stehen viele Milliarden Pudding-geschmäcker gegenüber, die es nicht gibt, als Beispiel sei hier bloß Himbeer-Terijaki genannt. Und dann sollen diese vielen Puddings nur ei-nen einzigen Artikel verdient haben, bloß weil sie nicht vorhanden sind?

Mit dem verneinten Artikel wird diesem Unzustand ein Ende bereitet, und zwar mit Hilfe der klassischen Negativierung durch das Vorsilbchen «un-». Ein vorangestelltes «un-» macht aus einem Wort sein Gegen-teil. Außer bei dem Begriff ununter-brochen, da macht es aus dem Wort eine Karikatur, und bei Unmensch – ein Begriff, der rätselhafterweise stets für Menschen und nicht etwa für Tiere verwendet wird. Die neuen Artikel lauten dann:

unein, uneine, under, undie, undas.

Damit sich die Sprache noch besser den heutigen Bedürfnissen anpasst, wird dieses Prinzip der Verneinung auf Pronomen wie mein, dein, sein erweitert – die Unpronomen. Auch hier findet sich der beschriebene logische Sprachbruch wieder: Es gibt wesentlich (wesentlich!) mehr Dinge, die nicht mir gehören – und trotzdem gibt es einfach keine Umkehrung von «mein». Die neuen nichtbesitzanzeigenden Pronomen lauten:

unmein, undein, unsein, unihr,
unsein, ununser, uneuer, unihr.

Mit den restlichen Pronomen wird ebenso verfahren, von den Personal-pronomen unich, undu, uner, und so weiter bis zu den Relativpronomen unwelcher, unwelches.

Der Einsatz dieser neuen verneinten Artikel und Pronomen ist denkbar einfach. Wo man bisher Sätze auf-wendig mit einem «nicht» schmü-cken musste, um ihr genaues Gegenteil zu bilden, setzt man die neuen verneinten Wortarten ein:

Undas ist mein Auto.

Die klangliche Ähnlichkeit mit dem Satz «Und das ist mein Auto» bie-tet ganz neue Möglichkeiten für nuschelnde Angeber. Für Leute, die sprachliche Präzision auch klanglich wiederfinden wollen, liefern die neuen Unpronomen auch eine (fast) gleichbedeutende Variation:

Das ist unmein Auto.

NEUE GRAMMATISCHE ENTWICKLUNGEN

UN-VERBEN – VERGEGENTEILTE VERBEN

Der deutschen Sprache fehlen aber auch Verben sonder Zahl, und zwar gewissermaßen als sprachliche Antimaterie. Warum gibt es kein sprachlich eindeutiges Gegenteilverb von «baden»? Nur, weil man es angeblich nicht braucht? Oder verhält es sich damit wie mit dem Internet, ohne das die Menschheit jahrtausendelang zurechtkam und das heute nicht mehr wegzudenken ist?

Deshalb können in Zukunft auch Verben vergegenteilt werden, indem man das un- voranstellt:

> *unlaufen*
> *unsein*
> *unsehen*
> *unlieben*
> *sich ununterwerfe*n

Dass die Sprachwelt dafür längst reif ist, erkennt der aufmerksame Beobachter an einzelnen, aber deutlichen Beispielen. Es gibt verbessern als Verb – aber woher kommt das Adjektiv unverbesserlich? Jeder kennt das Wort lügen und die Vergangenheitsform gelogen – aber worauf bezieht sich dann ungelogen? Nörglern als vorauseilende Entgegnung: An dieser Wortfront hätte man mit dem inhaltlichen Gegenteil des Verbs Probleme. Beim Verb «laufen» kommt man zum Beispiel mit stehen, sitzen oder rennen nicht weit, wenn es sich nicht um eine Person, sondern um eine Nase handelt. «Meine Nase steht» ist nicht das Gegenteil von «Meine Nase läuft».

DIE DEREFLEXIVIERUNG

Sie freut sich, er verhält sich, wir eignen uns – eine Reihe von Verben ist zwingend reflexiv und schleppt das «sich» mit sich herum wie einen grammatischen Blinddarm. Und der wird jetzt einfach entfernt. Ich freue. Satz fertig. Gültig ab sofort für alle ursprünglich reflexiven Verben der deutschen Sprache. Die Langversion mit angehängtem Pronomen wird natürlich nicht ganz abgeschafft, aber dürfte bald in Luft auflösen.

DER WANDEL VON -NF ZU -MF

Im Deutschen gibt es nur fünf Wörter, die auf -nf enden: Senf, Hanf, fünf, Genf und dieses eine, das man immer vergisst. Allerdings widerspricht das «nf» jedem Verständnis des geschmeidigen Sprachflusses, weshalb diese Worte in der Regel nördlich des Main gesprochen werden, als würden sie auf -mf enden: fümf, Semf, Gemf, Hamf. Und so sollen sie in Zukunft auch geschrieben werden, denn es gibt im Deutschen kein einziges Wort, das auf -mf endet, und das ist ungerecht. Damit nach dem Wandel die Situation nicht genau umgekehrt ungerecht ist, kann man dem einen Wort, das man immer vergisst, ja die Endung auf -nf lassen.

TOP TRENDS
&
NEUE BUZZWORDS

FÜR
MEDIEN,
MARKETING,
MODEN

E

s ist nicht leicht, im Rahmen eines Definitionsversuchs für das Wort Trend die ihm innewohnende Belanglosigkeit vollständig abzubilden. Ein Trend ist die gefühlte Aktualität innerhalb einer Gruppe, der Inhalt spielt keine Rolle. Ein kurzer Google-Versuch bringt ans fahle Monitorlicht, dass von Seidenmalerei bis zu niedrigvoltigen Transistoren alles Trend sein kann und vermutlich auch schon war. Der große Vorteil des Trends ist

seine simple Beweisbarkeit: zwei Beispiele reichen, eins davon kann auch ausgedacht sein. Das ist wichtig in Zeiten, in denen mediale Recherche zu kostbar ist für Quatschthemen.

Leicht könnte man in wilder Wut für Wahrheit und Wahrhaftigkeit den Trend mit einer bösen Sache verwechseln. Das Gegenteil ist der Fall. Trends, also weitgehend von Journalisten ausgedachte Zufälligkeiten, halten die mediale Maschinerie in Gang für die Zeiten, in denen sie wirklich gebraucht wird. So groß die Welt auch sein mag, auf ihr passiert einfach nicht genügend Relevantes, um jeden Tag eine Zeitung oder stündlich eine Webseite zu füllen. Die Lücken zwischen den echten Nachrichten werden in stiller Übereinkunft mit Trends und daraus resultierenden Neuigkeiten angereichert. Geschieht dann tatsächlich etwas Berichtenswertes, kann das Trendgetöse stufen- und folgenlos zurückgefahren werden.

Was Trends in der Medienwelt, sind Buzzwords für die Wirtschaft, oder eigentlich für Berater. Unternehmensberater halten die Ökonomie in Gang, weil sich, besonders in größeren Konzernen, aus Sicherheitsgründen niemand mehr traut zu arbeiten. Dafür gibt es Berater, die bei jedem Fehlschlag einfach und effektvoll gefeuert werden können. Dafür werden sie sehr gut bezahlt. Das Problem ist, dass Berater dazu verdammt sind, so große Umsätze zu machen, dass sie ständig neue Projekte kreieren müssen. Dazu dienen Buzzwords. Wenn Buzzwords häufig genug wiederholt werden, werden Budgets daraus. Das Schlagwort «Social Media» ist ein Paradebeispiel für einen Begriff, den hauptsächlich arbeitslose Blogger so oft ins Internet geschrieben haben, bis zuerst Journalisten, dann Berater und endlich auch leitende Angestellte von großen Unternehmen glaubten, in diesem Bereich Projekte anschieben zu müssen – mit wachsenden Budgets. Für die sie wiederum Berater engagiert haben.

Sowohl Trends wie auch Buzzwords haben also einen handfesten volkswirtschaftlichen Sinn. Ohne Trends keine ausreichenden Werbeumsätze für Medien, folglich keine demokratische Kontrollinstanz und über kurz oder lang das Ende der Demokratie. Ohne Buzzwords keine Beratungsbudgets, also keine Berater, daher niemanden, der in Konzernen die wichtige Arbeit tut, daher keine Konzerne und damit ein Niedergang der gesamten Weltwirtschaft. Neue Trends und Buzzwords retten die Welt!

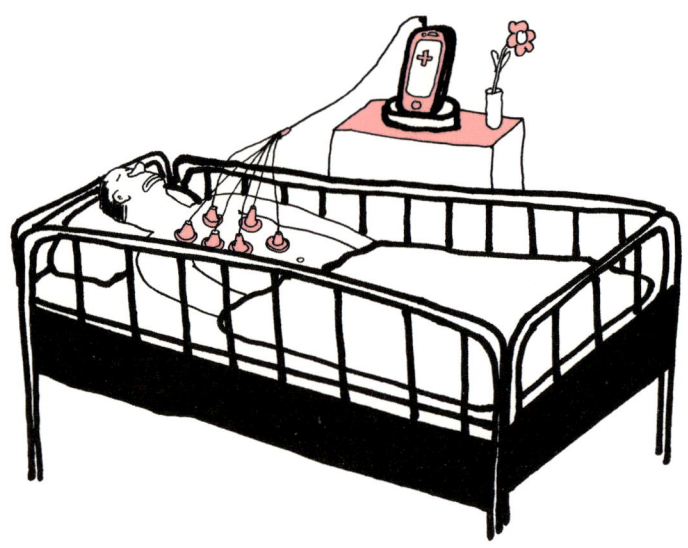

VERAPPUNG

Die Verappung bezeichnet den Großtrend, aus jedem nur möglichen Quatsch eine iPhone-App zu machen, um damit irgendwie Geld zu verdienen. Dahinter steht der Glaube, dass Informationen und Anwendungen, die im Internet kostenlos verfügbar sind, in Form einer App zu begeisterten Kaufstürmen von Hunderttausenden Kunden führen. Dieser Glaube ist nicht grundsätzlich irrig, hält sich allerdings etwas traurig an Apps fest, die modulierte Furzgeräusche Millionen Mal für 99 Cent verkauft haben.

BALDZEIT

Die Echtzeit ist nicht mehr jetzt genug, vor allem die Welt der Werbung braucht eine Zeit, die noch echtzeitiger daherkommt als das Jetzt: die Baldzeit. In der Baldzeit ist alles besser, schöner, schneller – aber vor allem: noch früher als jetzt.

SOCIAL POINT OF ATTENTION MARKETING

Digitale Werbemaßnahmen, die genau dort stattfinden, wo die soziale Interaktion die größte Aufmerksamkeitsintensität vermuten lässt. Den meisten Nutzern ist Social Point of Attention Marketing unter der Abkürzung SPAM bekannt.

DAGEGISMUS

Beständiges, punktuelles oder globales Dagegensein ohne jede argumentative Begründung. Diese Spielart des dogmatischen Universalprotests hat zwei Seiten: die

des hellsichtigen Mahners gegen die Verblendung der Massen und die des nörgelnden Querulanten ohne jedes soziale Gespür. Leider sind beide Seiten für alle Beteiligten nur sehr schwer zu unterscheiden. Es ist gut vorstellbar, dass Galileos Nachbarn auf ihn eingeredet haben, er möge endlich mit dem Erde-Kugel-Unsinn aufhören, er ziehe das ganze Viertel bei der Inquisition in den Schmutz. Es ist aber genauso gut vorstellbar, dass der rotgesichtige Herr, der vor der gefährlichen Strahlung des Elektrogrills der Nachbarn warnt, einfach ein gelangweilter Idiot ist.

VERJETZUNG

Das Internet ist heute so schnell, dass dort alles in dem Moment passiert, wo es auch passiert. Hört sich wirr an, ist auch wirr – aber entspricht der Erwartungshaltung der digital vernetzten Generation: alles, jetzt, hier. Ein gutes Lied? Sofort im Stream hören. Mit dem Freund kommunizieren in Echtzeit chatten. In der Bar rausfinden, wie die Begleitung von Petra heißt? Sofort unterm Tisch facebooken. Rausfinden, was sie macht? Sogleich den Namen googeln. Die vernetzte Generation strebt immer heftiger in die digitale Verjetzung – in die vernetzte, verjetzte Gesellschaft.

VINTECH

Fokus auf veraltete Technologie, auch Tech-Vintage genannt. In Zeiten stündlicher Updates für Programme und Betriebssysteme und wöchentlicher Neuvorstellungen von Handymodellen wird man als

Durchschnittsnutzer schneller zum Vintech-User, als man «mein iPhone ist vom letzten Sommer» sagen kann.

ZEITLÜCKEN-MANAGEMENT

Seit Jahren herrscht auf dem Medienmarkt der erbitterte Kampf um die Zeitlücke. Von der iPhone-Applikation über die Playstation bis zur gedruckten Zeitung wollen alle möglichen Unternehmen von den wenigen Minuten profitieren, in denen wir heute nicht irgendetwas anderes ganz dringend tun müssen (zum Beispiel schlafen). Die durchschnittliche Zeitlücke ist wenige Minuten lang und bekommt oft nur die halbe Aufmerksamkeit, die andere Hälfte wartet auf den Bus, beobachtet heimlich attraktive Passanten oder gehört Lady Gagas Gesang. Zeitlückenmanagement versucht, Phase Based Products in Time Slot Opportunities hineinzupressen. Trotz des lachhaften Namens durchaus mit Erfolg: das klassische Klobuch ist längst der ➔ Kloapp gewichen.

GHE

Titel sind nicht Schall und Rauch, sondern wichtigstes Anzeichen der Wichtigkeit einer Person in einem Unternehmen. Die 90er und 00er Jahre brachten im Zuge der Globalisierung in vielen Unternehmen die Notwendigkeit englischsprachiger, international verständlicher Titel mit sich. Weil bei einer Umstellung niemand schlechter dastehen möchte als vorher, sondern besser, hatte das eine dramatische Inflation der Vice Presidents zur Folge, was

zu einer Vervicepresidentung ganzer Führungsetagen und damit zur völligen Entwertung des Titels Vice President führte. Jeder ist heute Vice President, irgendwo gibt es sicher auch einen Hausmeister mit dem Titel Vice President Facility Management. Das wiederum hat auch den Begriff President selbst in Mitleidenschaft gezogen, weshalb der höchste und wichtigste Titel nun nicht mehr President ist, sondern Global Head of Everything (GHE).

PARTEIHOPPING

Der direkte, politische Nachfolger des Partyhopping ist beinahe zum Standard des Wahlverhaltens mutiert: früher die SPD, dann ein Schlenker zur FDP, inzwischen Grün und morgen schon Piraten. Parteihopping ist die Alternative ent-

täuschter Bürger zum Nichtwählen. Selig sind diejenigen mit schlechtem Gedächtnis, sie können ihre Ursprungspartei wieder wählen, wenn auch die letztverbliebene versagt.

TGI
→ (Target Group Ignorance)

TGI oder Target Group Ignorance (Zielgruppendummheit) wird offiziell als Wahrscheinlichkeit angegeben, mit der eine Marketingaktion fehlschlägt – weil die Zielgruppe die jeweilige Werbemaßnahme wider Erwarten und trotz höchster Qualität in Inhalt und Ausführung nicht zu schätzen weiß. In Wirklichkeit handelt es sich um die Universalentschuldigung für alle Marketingabteilungen, Agenturen und Consultants der Welt, weshalb ihre absonderlichen Maßnahmen zur

TOP TRENDS & NEUE BUZZWORDS

Überzeugung der Öffentlichkeit so dramatisch fehlschlagen. Die Aufrechterhaltung dieser Agentur-Verschwörung – Codewort Target Group Ignorance – schiebt die Schuld an der Existenz schlechter Werbung auf die Dämlichkeit der Kunden.

SPONTANIZING

Die Entwicklung zur völligen Verjetztung der Medien und Technologien geht natürlich nicht an den Alltagsgewohnheiten der Menschen vorbei – im Gegenteil. Immer mehr Leute neigen dazu, jede Entscheidung ins Spontane zu verschieben. Der Urlaub wird direkt am Flughafen gebucht, und selbst bei größeren Gruppen wird der Treffpunkt erst dann per Handy ausgemacht, wenn man eigentlich schon da ist. Entscheidungen werden entweder spontan getroffen oder gar nicht mehr, diese Entwicklung nennt sich Spontanizing, zur Not (aber ungern) auch auf Deutsch: Spontanisation.

SENSATIONING

Die Umformulierung von Belanglosigkeiten, damit sie sich nach Sensationen anhören. Vom medialhysterischen Headline Sensationing, dem Aufgeilen der Überschrift, schwappt der Trend inzwischen auch ins Privatleben: die überfällige Verschrottung des veralteten Kleinwagens wird tränenreich zum Autotod des Classic Cars erklärt, die ausgefallene Gehaltserhöhung führt zur Klage über die vollständige Verarmung bis in die siebte Generation, und jede noch so langweilige, normal nervige Partnerschaft wird auf Facebook mit dem Status «it's complicated» geheimnisheischend zur turbulenten Popstar-Beziehung hochgetunt: willkommen in der Generation Sensation.

ANTITRENDING

Der neueste, große Trend ist, gegen jeden Trend zu schwimmen: das Antitrending. Werden kurze Haare hip, lässt der Antitrender sie wachsen, kommen weite Cord-Schlaghosen wieder, zieht er nur noch knallenge Neoprenanzüge an. Der für viele Verwirrte attraktive Zauber des Antitrending basiert vor allem auf der Tatsache, dass man aus der Innenperspektive souveränen Individualismus nicht von verkrampfter Abgrenzung unterscheiden kann.

ULTRATASKING

Der Nachfolger des Multitasking umfasst nicht nur die Fähigkeit, zwei oder mehr Handlungen zur selben Zeit auszuführen, sondern auch den gleichzeitigen, multiplen Wechsel zwischen einer Vielzahl von parallel ausgeführten Tätigkeiten in schneller Taktung. Multitasking besteht aus mehreren parallel verlaufenden Handlungen, Ultratasking ist ein chaotisch geflochtener, mäandernder Tätigkeitszopf, der in sich verzwirbelt ist. Beispiele für Ultratasking sind nächtliches Kampfjetfliegen im Nebel kopfüber unter Feindbeschuss, einarmiges Jonglieren mit brennenden Kettensägen auf einem Einrad im Löwenkäfig oder eine Autofahrt mit Kindern.

TOP TRENDS & NEUE BUZZWORDS

ßeren Socialness als Facebook sind Google+ und Twitter. Firmen, die ein funktionierendes Geschäftsmodell völlig abseits des Internet verfolgen, müssen aus von Consultants ausgedachten Gründen trotzdem um jeden Preis ihre Socialness erhöhen. Eine Zementfirma ohne Facebook-Page ist ziemlich sicher schon in wenigen Monaten von der Insolvenz bedroht, und ein Blumenhändler, der nicht twittert, kann sich den Börsengang für immer abschminken. Socialness ist Pflicht.

HYPERHYPE

Da in Zeiten des Internet eine solche Vielzahl von Medien und Medienformen existiert, entstehen Hypes (also Medienwellen) schon dann, wenn zufällig zeitgleich zwei Zeitungsartikel zum selben Thema erscheinen. Eigentlich besteht die Medienwelt nur noch aus kleinen und großen Hypes sowie Werbung. Für echte mediale Großereignisse, die wirklich das gesamte Publikum beschäftigen, ist daher der Hyperhype geschaffen worden, den man so ausspricht, wie man will. Das wichtigste Kennzeichen des Hyperhypes und der wesentliche Unterschied zum Lenanormalhype ist, dass Medienbeiträge über das Auftreten der Medienbeiträge über das Auftreten des Hyperhypes auftreten.

KUNGFUTURE

Zukunft klingt harmlos, abgedroschen und steht doppelt und dreifach in jedem Parteiprogramm: Zukunft ist ein Begriff der Vergangenheit. Die Übersetzung ins Englische, Future, ist besser, aber noch zu simpel und in den Köpfen der Bevölkerung besetzt durch Captain Future. Um der Geschmeidigkeit, der Geschwindigkeit und der Gewaltigkeit der Zukunftszukunft gerecht zu werden, gibt es nun den Begriff Kungfuture.

SOCIALNESS

Damit Unternehmen überhaupt eine Zukunftsperspektive vortäuschen können, müssen sie heute im Netz «stattfinden». Und wer im Netz stattfindet, muss zumindest für ahnungslose Außenstehende irgendwie mit Facebook zu tun haben. Die Socialness *(deutsch: Sozialnis)* misst, wie stark ein beliebiges Unternehmen oder Geschäftsmodell an Facebook erinnert oder irgendwie damit kompatibel ist. Die beiden einzigen Unternehmen mit einer noch grö-

FASTAGE-EFFEKT

Stammt von Fast Vintage: der Effekt, dass vor allem Technologiegüter wie Autos oder Computer bereits eine Saison nach ihrer Premiere veraltet wirken. Mit einem mehr

als zwölf Monate alten Laptop kann man unausgelacht kaum noch ins Café gehen, alles außer dem neuesten iPhone sieht nach Verlust des Agenturjobs aus, und wenn man den nagelneuen Flatscreen zu Hause angeschlossen hat, sieht man als Allererstes einen Werbespot für einen neuen Flatscreen, der den eigenen zur Museumsleihgabe degradiert. Die Nachteile dieses Effekts lassen sich jedoch umgehen, indem man sich zum → Vintech-Fan erklärt, einfach weiterlebt wie bisher und trotzdem kaum Hippnesspunkte einbüßt.

TOUCHISMUS, VERTOUCHUNG

Mit dem Geldautomaten hat es vor Jahren langsam angefangen, in weitem Abstand folgte das Handy, das Tablet, und dann ging alles ganz schnell. Von der Waschmaschine bis zum Autonavigationssystem hat inzwischen jedes Gerät einen Touchscreen oder zwei. Das touchscreenbasierte Gesellschaftskonzept Touchismus führt zwangsläufig zu einer umfassenden Vertouchung: Wenn in wenigen Jahren sämtliche Gadgets ausschließlich aus zusammengelöteten Touchscreens

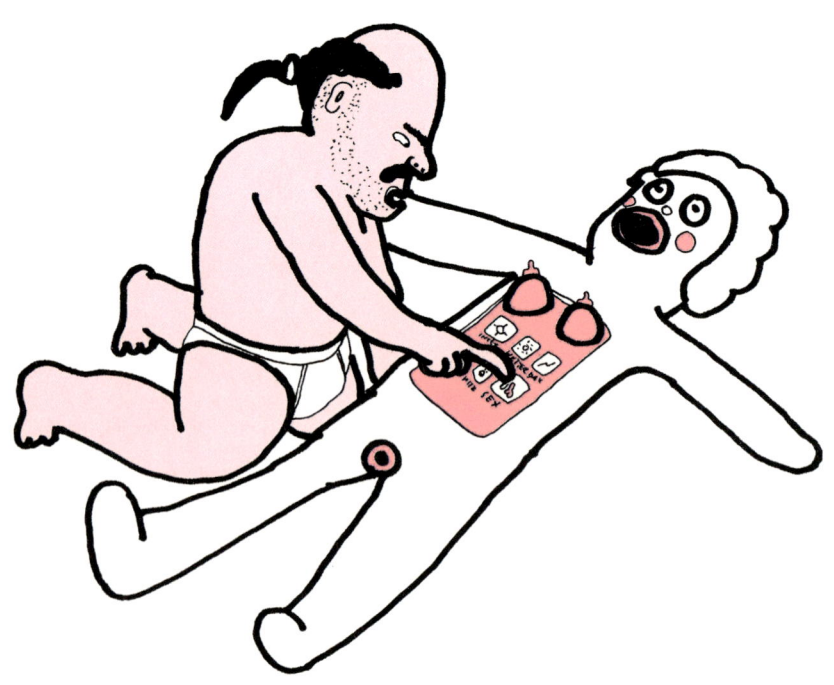

bestehen, wird irgendwann das Gegenstück – ein Screentoucher – entwickelt, mit dem sich Touchscreens elektronisch touchen lassen. Schließlich werden wir die Screentoucher zur Touchscreenbedienung per Touchscreen fernsteuern können; die Evolution wird dann ihre höchste Entwicklungsstufe erreicht haben und von vorn beginnen.

MOBILE CLOUD EVOLUTION

Mobile Cloud Evolution ist ein bedeutungsloser Begriff aus einer Begriffsreihe, die nach einer uralten Übereinkunft von Beratern und Technikjournalisten benutzt wird, wenn sie nach dem neuesten Trend gefragt werden. Seit 1957 tritt alle zwei Jahre im Verborgenen der Welttrendrat zusammen und bestimmt mit einem komplizierten Würfelverfahren die drei neuen zusammenhangslosen Begriffe, die für die Folgezeit zum weltweiten Großtrend erklärt werden. Über geheime Mailinglisten, auf längst vergessenen Chatplattformen und in geschlossenen Facebook-Gruppen werden die aktuellen Begriffe unter den Eingeweihten verbreitet. Mobile Cloud Evolution gilt noch bis zum 31.12.2013 als weltweiter Trend. Unter den Vorgängern waren Processual Change Management (2002), Social Media Monitoring (2006) und Sell Everything Now (2008). Das letztgenannte Begriffstriplett ergab sich aus einem Übermittlungsfehler, wurde aber trotzdem als Großtrend verbreitet und führte durch Amokverkäufe sämtlicher Investitionsanlagen zur Finanzkrise 2008.

OMTY-

Megahertz, Gigabit, Terabyte, alles wird schneller, größer, mehr. Das ist auch gut so, ein Film in HD ist schöner als einer auf einem fingernagelgroßen Handydisplay, und das braucht mehr Daten, die schneller verarbeitet werden. Es ist aber nicht leicht, dabei die Übersicht zu behalten und immer mitreden zu können, wenn die Freunde ihre neusten Rechner und Smartphones vergleichen. Dafür gibt es die Vorsilbe Omty-, sie kann wie die Vorsilben Kilo-, Mega- und Giga- vor beliebige Maßeinheiten gesetzt werden. Weil niemand genau weiß, was 4 Gigahertz im DDR-RAM genau bedeutet, dient der Satz «Mein Handy hat einen 1,2-Gigahertz-Chip» zu nichts anderem als zum Angeben. «Omty-» ist die universale Vorsilbe für Maßeinheiten. Denn «Omty-» ist keine feste Größe. Mega- bedeutet eine Million, Omty- bedeutet «One more than you», immer eins mehr als du. Egal, wie schnell dein Computer ist, meiner hat 3,7 Omtyhertz mehr.

NEUE EMOTIONALE UND RATIONALE ZUSTÄNDE

RUND UM AKTUELLE UND FAST AKTUELLE LEBENSGEFÜHLE

A

ls in den 90er Jahren im deutschsprachigen Raum das Wörtchen «mellow» plötzlich verstärkt auftauchte, begriff eine Generation das Gefühl, in dem sie jeden Sonntagnachmittag bei Kruder&Dorfmeister versank. Mit leichten alkoholischen Spätwirkungen des Vorabends, aber gleichzeitig einem Wohlgefühl mit temporären melancholischen Einsprengseln, musikdurchflossen, mit oder ohne andere Menschen, in allgemein unangestrengter Liegestimmung, mellow eben. Was für ein Unterschied zum traditionell-käsigen «gemütlich» oder zum viel zu bedeutungsflächigen «entspannt».

Heute muss man mellow als verjährt bezeichnen, mit ziemlicher Sicherheit stand das Wort schon mal auf dem Einladungsplakat zum «HipHop-Kaffeekränzchen» der Jungen Union Sauerland. Vielleicht gibt es bereits einen amtierenden Nachfolger von mellow. Was es aber noch nicht oder vielmehr: zu wenig gibt, ist die Um-

schreibung neuer Lebensgefühle, die nicht von Leuten stammen, die dazu «Lifestyle» sagen. Lifestyle gehört, wenn es in den deutschen Sprachfluss eingeträufelt wird, zu den zehn ekelhaftesten Worten überhaupt. Lebensgefühl wird Lifestyle genannt, wenn jemand damit Geld verdienen möchte. Was okay wäre, wenn er es wenigstens zugeben und nicht so tun würde, als käme es ihm auf irgendetwas anderes an.

Worte im Umfeld des Lebensgefühls müssten stündlich neu erfunden werden, so schnell scheint es sich verändern zu können. Und eigentlich müssten auch die unmittelbar Lebensgefühlbetroffenen selbst zur Worterfindung greifen. Da das aus Zeitgründen aber die meisten nicht tun, findet sich auf den folgenden Seiten ein Angebot an lebensgefühligen Begriffen, mit denen man beschreiben kann, weshalb man so anders ist als alle Generationen davor. Oder sich wenigstens so anders fühlt. Wie alle Generationen davor auch.

GRÜCKSGEFÜHL

Eine der am schwersten vor sich und der Welt zuzugebenden emotionalen Regungen ist der Schauer der Wohligkeit, der einen bei der Rückkehr aus dem Urlaub durchfährt: das Grücksgefühl – zum Glück zurück. Gibt man dem Grücksgefühl zu sehr nach, gerät man ins Grübeln, weshalb man überhaupt wegfahren wollte. Der logische nächste Schritt wäre die Verabschiedung vom kosmopoliten Selbstbild, schließlich droht die eigene, völlige Verhausmeisterung, das Sauerland ist ja auch ganz schön. Darauf folgt:

GRÜCK

Grück ist eine Abwandlung des Glücks, die sich aus dem Wunsch vieler Menschen ergibt, wieder zurückzugehen. Auch wenn unklar ist, wohin: an den Ort des größten Erfolges, also des Teilsiegs beim Kampf um die Förmchen im Sand-kasten? An den Ort der frühkindlichen Geborgenheit? Oder sogar zurück in den Schoß der Mutter? Grück ist die Sehnsucht nach der früher empfundenen Einfachheit von DDR bis Mutterleib, also eng verwandt mit dem Schwelgen in Nostalgie und deshalb nur in sehr geringer Dosis genießbar. Die Grückshormone im Gehirn docken nämlich an die gleichen Rezeptoren an wie normale Glückshormone und blockieren diese. Wer sich nostalgischen Empfindungen hingibt, wird deshalb kaum wieder richtig glücklich.

INTELLIGANZ

Wenn Intelligenz und Arroganz aufeinandertreffen, entsteht Intelliganz, auch Hochbegabtenmut genannt. Besonders tragisch ist jedoch, dass sich Arroganz, gemischt mit Dummheit, ganz besonders intelligent anfühlt. In vielen Fällen wird deshalb

83

die eigene Dummheit nicht als solche erkannt, sondern für das genaue Gegenteil gehalten, sodass viele Fälle von selbst festgestellter Intelligenz eigentlich nur handelsübliche Mischungen von Arroganz und Dummheit sind – und ihre Träger arroganzdumm.

UNTERMÜTIG
Das Gegenteil von übermütig kann vor allem in Bezug auf emotional zurückhaltend aufgestellte Personen verwendet werden, bei denen etwas mehr persönlicher Enthusiasmus angebracht wäre.

GRUPPEN-INDIVIDUALISMUS
Sich einzigartig fühlen und anders sein, aber nicht als alle anderen.

SCHLACK
Irgendwo zwischen schlapp und Schlacke angesiedelt, beschreibt schlack einen Zustand des absolut energielosen Verbrauchtseins.

UNTERDRUSS, UNTERDRÜSSIG
Stärkeres Verlangen nach etwas, Gegenteil von Überdruss.

NEUPHORIE, NEUPHOBIE
Die Begeisterung für und die Angst vor neuen Geräten und Entwicklungen vor allem im Internet. Der Neuphoriker sieht in jeder neuen Versionsnummer des Browsers Firefox ein unleugbares Zeichen für den endgültigen Aufbruch ins Goldene Zeitalter. Der Neuphobiker empfand bereits die Einführung des Faxgeräts als Beweis für die drohende Diktatur der Maschinen und liebäugelt mit einer Verfassungsbeschwerde gegen den Handyempfang in seiner Wohnung.

PSYCHO-SUMMATISCH
Von der unbegründeten Sorge geplagt, dass Stechmücken im Hotelzimmer sind, die einen die ganze Nacht wach halten werden. Der normale Psychosummatiker wird durch diese Ängstlichkeit in der Regel die ganze Nacht wach gehalten. Durch den Geruch, eine Folge der dabei erhöhten Schweißproduktion, können Mücken angezogen werden.

EUPHITZE
Übertriebene Begeisterung für den noch nicht ausgebrochenen Sommer. Verwandelt sich in der Regel über Nacht in eine stöhnende Klage über die unerträgliche Hitze und ihre Folgen.

NEUE EMOTIONALE UND RATIONALE ZUSTÄNDE

PLEMPATHIE

Plempathie ist die absonderliche Form der Empathie, die Passanten zum Mitgefühl mit einem mageren Hund veranlasst, während sie dessen obdachlosem Herrchen mit Verachtung begegnen. Im Wechselspiel zwischen Mensch und Tier zeigt sich dieser grotesk verschobene Maßstab der Menschlichkeit besonders oft. So ist Plempathie auch dafür verantwortlich, dass man sich zwangsläufig aufgebracht über die Bedingungen der Tiere im Zoo aufregt, während die eigenen Haustiere artfremder gehalten werden als irgendein anderes Lebewesen in Zentraleuropa. Oder dass Lederschuhträger Pelzbesitzer verdammen. Plempathie ist kein echtes Mitgefühl, sondern naive Egozentrik.

85

DIGITALE WELT

F

ast möchte man glauben, es sei albern, in einem Buch über neue Worte ein eigenes Kapitel über die Digitale Welt einzurichten. Schließlich greifen das Internet und das ganze digitale Getöse an so vielen Stellen in das Leben ein, dass Netziges in jedem Teil des Buchs vorkommen könnte. Das tut es auch. Trotzdem gibt es dieses Kapitel.

Denn das Internet ist, anders als in vielen Medien zu lesen, eigentlich kein Medium. Oder nicht nur ein Medium. Es ist der digitale Teil der Gesellschaft – alles, was in der Kohlenstoffwelt passiert, findet seine Entsprechung, Ergänzung, Erweiterung im Netz. Das Netz ist aber auch noch mehr, denn ein paar Dinge gab es vorher einfach nicht. Sie sind einfach aufgetaucht, da waren sie dann und sind nicht wieder weggegangen. Ungefähr wie die SMS, irgendwann in den 1990ern war sie da, blieb auch da, und inzwischen wird Deutschland offenbar per SMS regiert. Ob-

wohl das eigentlich ein schlechter Vergleich ist, weil die meisten Vergleiche schlecht sind, wenn man etwas völlig Neues näher erklären möchte.
Neu bedeutet ja gerade, dass etwas eigentlich noch keine Entsprechung hat.
Die hauptberuflich Vergleichenden zwischen Journalismus und Werbung greifen deshalb oft zum kombinierten Vergleich: X ist wie eine Mischung aus Y und Z. Auf den ersten Blick könnte das die Lösung sein. Auf den zweiten – je nach Intelligenz und Verständigkeit, aber auch erst auf den dritten Blick oder nie – bemerkt man jedoch, dass auch der kombinierte Vergleich neuer Phänomene große Tücken mitbringt. Denn wenn man nur einen Hammer hat, sieht jedes unlösbare Problem aus wie ein Nagel. Eigentlich fehlt hier ein ganzes Buch voller eigener neuer Worte, aber das kann man niemandem zumuten, deshalb hier nur ein zart angerissenes Kapitel über Worte, die rund um das und im Netz bisher gefehlt haben.

INTERNETIONAL

Alle Internet-Nutzer weltweit betreffend, die Nichtnutzer jedoch ausdrücklich nicht. Die Internationalität rückt den User in Ruhpolding näher an den User in Tokio heran als an den Offline-Nachbarn im selben Ort. Wer international fühlt, denkt und handelt, findet mit jedem anderen Nutzer gleich welcher Herkunft sofort Gesprächsthemen, von der unerträglichen Langsamkeit des eigenen Datenanschlusses bis zu den nervigsten Erscheinungen des Internet überhaupt, den Nutzern also. Hinter nicht vorgehaltener Hand beschwert man sich über die jeweilige, selbstredend unzumutbare Internet-Politik des eigenen Landes und preist gemeinsam die großen Chancen der digitalen Sphäre, wenn nur die blöden, uninformierten anderen nicht wären. Also die Offliner mit ihren von digitalem Unverständnis zeugenden Anliegen wie Telefonbücher aus Papier oder Reisebüros. Dann singt man gemeinsam die sogenannte Internationale, ein Lied von Justin Bieber über Katzen mit USB-Anschluss, und geht selig wieder auseinander.

KLICKE

Die digitale Clique, mit der man auf verschiedenen Plattformen herumhängt. Die Klicke ist die Gesamtheit aller Friends, Contacts, Follower und ähnlicher Worte, die alle das Gleiche ausdrücken, nämlich, dass man das jeweilige Profilbild irgendwie interessant fand. Die eigene Klicke besteht zum Großteil aus Leuten, für die man seine Maus ins Feuer legen würde. Aber mehr eben auch nicht.

Während sich im 20. Jahrhundert vor allem die Bücher verkauft haben, die während einer Toilettensitzung gelesen werden konnten, also Klobücher, haben im 21. Jahrhundert zum großen Teil Kloapps diese Funktion übernommen. Bis auf wenige Ausnahmen.

iFER

Das zeitweise zwanghafte Gefühl, jedes neue Gerät von Apple stets am ersten Tag des Erscheinens kaufen zu müssen.

FRIENDSCHAFT

Ein Freund, ein guter Freund, das ist das Schönste, was es gibt auf der Welt. Ein Freund bleibt immer Freund, und wenn die ganze Welt zusammenfällt. Und weil das nicht erst seit Facebook ungefähr so oft vorkommt wie wahre Liebe auf den ersten Blick, ist es gut, ein zweites Wort für die Leute in petto zu haben, mit denen man gut zurechtkommt, die einem aber nicht bei Problemen helfen: die Friends. Mit ihnen führt man eine liebevolle, herzliche, intime Friendschaft, bis es einem etwas schlechter geht oder eine Doktorarbeit Korrektur gegoogelt werden muss. Dann wollen sie nichts mehr mit einem zu tun haben, wegen einer dringenden Walderdbeerernte, eines unverschiebbaren Mikado-Turniers oder der jährlichen Wühlmausjagd.

FACEBOOKLING
Der Facebookling arbeitet unablässig an der digitalen Dokumentation seines Alltags, um über sein Facebook-Profil den Eindruck eines besonders aufregenden Lebens zu erwecken. Ein Foto mit einer attraktiven Frau ist ihm mehr wert als das Candle-Light-Dinner mit ihr. Der Facebookling läuft stets mit drei oder mehr foto- und filmfähigen Gadgets durch die Welt, schließlich könnte ein Gerät ausfallen und ein Akku leer werden. Sein höchstes Glück sind zufällig wirkende, aber tagelang vorbereitete Schnappschüsse, auf denen im Hintergrund feiernde Halbprominente zu sehen sind.

Wenn sich die schwindende Adoleszenz des Facebooklings oberhalb von 35 Jahren nicht mehr leugnen lässt, verwandelt er sich in der Regel in einen kontaktheischenden XINGling, der beim Chef nicht um eine Gehaltserhöhung, sondern um einen imposanteren Titel bittet.

HUNTER2
Das beste, der Menschheit bisher bekannte Passwort.

NERDKOREANER
Bezeichnung für diejenigen Nerds, die in völliger Abschottung von der restlichen Welt leben, ohne es selbst zu ahnen. Nerdkoreaner können mit neun Leuten auf zwölf Plattformen in fünfzehn Netzdialekten gleichzeitig chatten, sind aber bereits von der Kommunikation mit dem Pizzaboten überfordert. Gerät ein Nerdkoreaner durch Zufall oder aus Versehen in die echte Welt, hält er sich an

DIGITALE WELT

seinen stets mitgeführten digitalen Habseligkeiten fest, mit denen er via Instant Messaging Kontakt zu anderen Nerdkoreanern hält. Wenn außerhalb der digitalen Welt mehr als drei Nerdkoreaner aufeinandertreffen, verdunkeln sie die Fenster und feiern im Monitorschein eine LAN-Party. Dabei stellen sie eine Netzverbindung zu den Sitznachbarn her, um zu vergessen, dass sie einen halben Meter entfernt sind.

POWERPOINTE

Die durchweg schlechten, alten und über viele Folien mühsam hergeleiteten Gags, die in Präsentationen per Mail verschickt werden. Seit ihrem Bestehen ist die Anwendung der PowerPointe ein sicheres Zeichen für ein onkelhaftes Humorverständnis, seit 2009 auch für einen fehlenden Facebook-Account.

FRIENDESKREIS

Einer der größten Fehler, die man im Netz machen kann, ist, Freunde und Friends zu verwechseln. Der Unterschied: Freunde kommen zum Umzug, Friends nur zur Einweihungsparty danach. Der Friendeskreis besteht aus den 267 Leuten, mit denen man auf Internet-Plattformen → befriendet ist. Sie setzen sich durchschnittlich zusammen aus:

• *32 % ehemaligen Schulkameraden, mit denen man schon damals eigentlich nichts zu tun haben wollte*
• *23 % Arbeitskollegen, mit denen man jetzt eigentlich nichts zu tun haben will*

• *17 % Trägern unwitziger Pseudonyme wie «Andi Wand», «Christian Steifen» oder «Claire Grube»*
• *12 % versehentlichen Friends, die zufällig so heißen wie andere Leute, die man kennt*
• *7 % Personen mit sehr attraktivem Profilfoto, die man einst angetrunken hinzugefügt hat (→ verpict), weil man nicht wusste, dass man Facebook-Nachrichten auch an nicht befriendete Personen schicken kann und die die Friendes-Anfrage angenommen haben, weil sie ihrerseits der Meinung sind, ein zahlenmäßig möglichst umfangreicher Friendeskreis würde ihre Attraktivität erhöhen*
• *4 % Verwandten und Haustieren von Verwandten*
• *2 % verzweifelten Semiprominenten, die jede Anfrage annehmen, um als Beweis ihrer Prominenz eine Online-Fanbase aufzubauen*
• *1 % aus Mitleid hinzugefügten Lokalpolitikern*
• *1 % völlig Unbekannten, von denen man sich beim besten Willen nicht erklären kann, wie sie in den Friendeskreis hineingeraten sind, und die regelmäßig groteske Meinungen veröffentlichen (es ist sinnlos, sie zu entfrienden, weil ihre Zahl eine universale Konstante darstellt, sodass für jeden Geblockten ein neuer unbekannter Friend anfängt durchzudrehen)*
• *1 % Freunden*

TOUCHFÜHLUNG

Durch den → Touchismus und die damit einhergehende → Vertouchung der Welt entsteht bei den wenigen Nicht-Touchscreens, etwa bei aus der Zeit gefallenen Handys, das Gefühl der Unvollkommenheit, der

Eindruck einer toten, unbelebten Materie ohne Sinn und Zweck. Die Erwartungshaltung, dass alles Screenige, Monitorhafte gefälligst touchbar zu sein hat, nennt sich Touchfühlung.

3K-REGEL DES 21. JAHRHUNDERTS

Vor allem im 19. Jahrhundert diente die 3K-Regel zur Manifestierung des Patriarchats: Frauen kümmern sich um Küche, Kinder und Kirche. Die sozialen Medien der digitalen Sphäre haben eine neue 3K-Regel über die Welt gebracht, die den Erfolg jeder Internet-Plattform bedingt. Erfolgsgaranten sind hierbei Katzen, Kinderfotos und Kommentare.

TWITZ

Twitter, die bei Aufmerksamkeitsgestörten beliebte Plattform für Kurzbotschaften im Internet, hat eine eigene Form von Humor hervorgebracht – sein Instrument ist der Twitz. Der Twitz unterscheidet sich vom herkömmlichen Witz dadurch, dass er stets Elemente des egozentrischen Selbstzweifels transportiert. Der Twitz beinhaltet die eigentlich groteske Erzählsituation auf Twitter gleich mit: eine einsame Person teilt per Twitz ihre Einsamkeit im Internet mit, wodurch sie so erträglich wird, dass nichts mehr aktiv gegen die Einsamkeit unternommen werden muss. Twitze sind damit in ihrem Kern narzisstische Botschaften der selbstgenügsamen Verzweiflung. Einer der bekanntesten und zweitbesten Twitze ist dann auch selbstreferenzieller Natur: «Würde es das

Twittern nicht sehr erleichtern, wenn wir das Gefühl ‹alleine, leicht betrunken und ein wenig geil› einfach ‹qwertzu› nennen?» (Quelle selbst googeln.)

VERPICT

Man hat sich verpict, wenn man sich in einen Menschen nur aufgrund seines Profilfotos im Internet verknallt hat. Oft verknallt man sich auch wirklich nur in das Foto. Aber wer weiß das schon so genau?

OFFLINING

Die vernetzte Gesellschaft ist immer häufiger und länger online – so lange, bis alle Leute ständig im Netz sind. Dieser Zustand hält einige Zeit an. Gerätschaften, Arbeitsabläufe und Sozialleben verankern sich in der ständigen Vernetzung. Damit wird es zum seltenen Luxusgut, kein Internet zu haben – der Trend zum Offlining setzt ein. Die Avantgarde beginnt mit der Veranstaltung von Offline-Partys im Untergrund. In Szenevierteln eröffnen die ersten Kein-Internet-Cafés, eine radikal internetfeindliche Splitterpartei, die Trockenpiraten, gründet sich. Offline wird offiziell verboten. Sektenähnliche Offline-Kammern, rundumhüllt mit dichtmaschigen Metallgittern, finden sich versteckt in den größeren Städten. Sogar fahrbare Offline-Kammern gibt es, getarnt als Blutspende-Bus oder als Truck für dümmliche Roadshows. Offlining gilt unterdessen als terrorismusnahe Tat – wer offline ist oder sein möchte, hat etwas zu verbergen. Zur Terrorismusbekämpfung und Veronlinung der Weltbevölkerung wird schließlich bei jedem Kind kurz vor der Geburt in die vordere Hirnschlagader ein Nanochip eingepflanzt, dessen Entfernung automatisch zum Tod führt. Wenige Jahre später stirbt das Offlining aus, und alle sind online, immer.

TELEFANT

Als Telefanten bezeichnet man Leute, die durch Handytelefonate an unpassendem Ort besonders trampelig daherkommen. Der Telefant versucht, telefonierend an der Supermarktkasse zu bezahlen, wirft dabei eine Glasflasche herunter, stößt gegen einen Pappaufsteller mit Kräuterbonbons, rammt beim Ausweichen eine junge Mutter mit dem Ellenbogen und steht dann noch immer telefonierend allen im Weg, die versuchen, das von ihm ausgelöste Desaster in den Griff zu bekommen. Ein anderes Wort für Telefant ist Arsch.

OBVIÖS

Die große Freude des englischen Wortes obvious (offensichtlich) ist bisher an der deutschen Sprache vorbeigegangen. Besonders schmerzlich vermisst wird dieser Ausdruck beim Spottbegriff «Captain Obvious», ein Klassiker im Netz. Dieser bezieht sich vor allem auf Kommentare, für die «stating the obvious» im Englischen die beste Umschreibung ist. Aber auch in der Kohlenstoffwelt kommen immer wieder Leute vor, die glauben, das Offensichtliche verbal vortragen zu müssen («Aha, ein Erdbeben findet statt!»). Das neue Wort obviös heißt dasselbe wie offensichtlich, hört sich aber

shmoover an und funktioniert auch als Teil des Spotttitels «Kapitän Obviös».

STROLTZ

Die Mischung aus falschem Stolz und Trotz, mit der man ein schlechtes, neues Gerät nur deshalb öffentlich lobpreist, weil es so teuer war. Nach und nach geht der Stroltz über in echte Bewunderung – eine bisher kaum erforschte Variante des Stockholm-Syndroms, bei der der Mensch ein Gerät zu lieben lernt, das er objektiv betrachtet hassen müsste. Nach drei Monaten intensiver Benutzung eines minderwertigen, fabrikdefekten Apparates hat sich der Stroltz in genau die aufrichtige Liebe verwandelt, die man auch einem blinden, dreibeinigen Welpen entgegenbringen würde.

SIMSULIEREN

Vortäuschen, eine SMS zu schreiben. Dafür kann es eine Vielzahl verschiedener Gründe geben, der häufigste ist der Versuch, beschäftigt zu erscheinen, um unerwünschte Kontaktaufnahmen zu vermeiden (➔ vertreffen, jmd.). Im Zeitalter des Smartphones mit Zugang zu den entsprechenden Social Networks stirbt das Simsulieren aus, weil sich stattdessen mit weit weniger geistigem Aufwand der Facebook-Status updaten lässt.

NEUE WORTE FÜR NEUE NEGATIVE GEFÜHLE

N

egative Gefühle haben – vermutlich durch mediale Diskriminierung und beständiges Schlechtreden – inzwischen ein recht ungünstiges Image in der Öffentlichkeit:

NIEMAND MAG HASS, KEINER FINDET WUT GUT, ALLE SIND VOM GENERVTSEIN GENERVT.

Dabei müsste man ihnen ebenso dankbar sein wie den Spinnen, ohne die angeblich Fliegen und Mücken in wenigen Tagen die Weltherrschaft übernehmen würden. Denn bei negativen Gefühlen handelt es sich um emotionale Blitzableiter, ohne die die Welt ein Amokdauerlauf vom Ausmaß des New Yorker Marathons sein dürfte.

Seien wir dankbar für jedes Fluchen, jeden verärgerten Blick, jede herausgebrüllte Abneigung – sie schützen uns vor Schlimmerem. Wenn man dieser zugegeben mutigen, aber vielleicht nicht völlig bekloppten Argumentation folgt, wäre die Welt besser, wenn es mehr Blitzableiter gäbe, also mehr negative Gefühle. Die kleine, aber vorhandene Chance, dass mit neuen Namen für solche emotionalen Regungen tatsächlich eine Weltverbesserung eintritt, soll im folgenden Kapitel genutzt werden.

Der Fokus liegt dabei eindeutig auf Worten, die zu schlechten Alltagsgefühlen gehören, die zwar bekannt, aber nicht benannt waren, sodass man bisher zusätzlich unter Sprachlosigkeit leiden musste.

Ärger. Dazu das brandneue Adjektiv argerlich – die Welt der Negativemotionen ist eine bessere geworden.

MÜRDIGKEIT

Die meisten Verhaltenszuschreibungen der Geschlechter sind gesellschaftlich konstruiert. Aber eine bisher kaum erforschte Ausnahme gibt es: Männer werden mürrisch, wenn sie müde sind, Frauen sind einfach müde, wenn sie müde sind. Die Mürdigkeit, die Mürre der müden Männer hat allerdings eine Subkomponente, die das Gefühl von der Normalmürre unterscheidet. Es handelt sich um das dünnhäutige Genervtsein von allem, wenn der Schutzpanzer der Wachheit von der Seele abfällt, bevor sie sich in den Schlaf retten kann. In diesen Minuten ist die Seele nackt und schutzlos vor der Welt, und genau daraus speist sich die Mürdigkeit. Warum das Gefühl fast nur Männer betrifft, darüber kann man nur spekulieren.

BRECHGEIZ

Der ökonomisch begründete Widerwillen, sich nach einer Flasche Champagner zu erbrechen, für die man vorher viel Geld bezahlt hat. Die Brechgeizgrenze ist individuell unterschiedlich, tritt im Schnitt aber bei Preisen ab dreißig Euro ein.

ARGER

Eines der meistverwendeten Minusgefühle ist Ärger. Leider bringt das Wort einen unschönen Beiklang in die Ehe zwischen Gefühlsinhaber und Gefühl ein: das Ä. Umlaute haben im Deutschen oft verkleinernde Wirkung: Kalb – Kälbchen, Fuß – Füßchen, Stuss – Stüsschen. Das macht gerade das erzwichtige Gefühl Ärger ärgerlich klein. Zwar gäbe es den Arg als Ausweichlösung, aber dessen Bedeutung hat sich zu stark in Richtung Misstrauen verschoben, vergleiche: Argwohn. Deshalb steht nun der glänzende Arger vor uns, ganz ohne verkleinerndes «Ä», dafür mit dem gleichen -er am Ende, das fast wie eine Steigerung von Arg daherkommt. Arger, wirklich großer

GRUCK

Motivation durch Unangenehmes. Die Bereitschaft, den Müll endlich runterzubringen, erhöht sich beispielsweise dramatisch, wenn die Nasenschleimhäute vom Gestank vergorenen Tierfutters unter Madenverdacht zu schmerzen beginnen. Das Wort ist bekannt geworden durch Roman Herzogs oft missverstandene Rede «Es muss ein Gruck durch Deutschland gehen». Leider nutzt sich Gruck mit der Zeit ab und funktioniert deshalb irritierenderweise umso seltener, je häufiger er auftritt, wie sich an der nicht gerade motivierenden Wirkung schlechter Schulnoten beobachten lässt.

KNURRFEN
Mit hungerbedingt schlechter Laune durch den Supermarkt streifen und übertrieben viel Essen einkaufen.

BANGEWEILE
Wenn man nichts zu tun hat, ist die Wahrscheinlichkeit groß, dass man sich in Ängstlichkeiten hineinsteigert. Ablenkende Tätigkeiten sind seit dem Verlegenheitspfeifen auf der finsteren Kellertreppe fest im Repertoire der Furchtbekämpfung verankert. Insofern ist das langweilige Nichtstun die Garantie, das eigene Angstmaximum auszuschöpfen: Bangeweile.

IRRVITATION
Irrvitation ist die Anziehungskraft für Irre und ihre irrwitzigen Handlungen und Kommunikationen. Die Irrvitation ist an sich kein schlechtes Gefühl, kann aber alle nur vorstellbaren schlechten Gefühle in so kurzer Zeit erzeugen, wie es in neuen Social Networks dauert, bis jemand ein Profil unter dem Namen «Hitler» angelegt hat. Bisher ist kaum bekannt, weshalb der Wert der Irrvitation minütlich schwanken kann zwischen null und Erich von Däniken. Zudem berichten völlig normale Leute von einzelnen Tagen, an denen es zu einer nicht wissenschaftlich erklärbaren Häufung von Kontakten mit vollständig Verrückten kommt. Diese schießen wahllos aus allen kommunikativen Rohren – per Mail, Telefon sowie persönlich an der Haustürklingel oder auf der Straße. Die bisher einleuchtendste Erklärung des Narrenmagnetismus (deutscher Name der Irrvitation) kam von einem Schweizer Forscher mit viel Erfahrung beiderseits der Irrsinnsgrenze. Sie besagt, dass es einen bösartigen Weltgeist mit Manipulationshoheit über unser aller Schicksal gibt. Seine Schlussfolgerung, dass gegen erhöhte Irrvitationswerte am besten Hüte aus Alufolie helfen, ist zwar bisher nicht bewiesen, aber durch praktische Anwendung bestätigt worden: wer auf offener Straße einen Alufolien-Hut trägt, wird deutlich seltener von Verrückten angesprochen.

GRISS, GRASS, GROSS
Ohne Telefonhotlines wäre der Kapitalismus ja gar nicht so schlimm. Aber der direkte Kontakt mit Unternehmen und Institutionen, auf die man angewiesen ist, kann leicht eine Mischung aus Wut und Ärger erzeugen. Wenn man überhaupt in Kontakt treten und nicht minutenlang absurde Telefonmenus durchleiden muss, «Ja … Nein … Eins … Vier … Nein». «Ich habe Sie nicht verstanden, bitte wiederholen Sie Ihre Eingabe.» NEIN! Die Gefühle, die durchschnittlich emotionale Personen empfinden, wenn ihnen ihre Ohnmacht mit dem kalten Hohn einer Maschine vorgeführt werden, heissen Griss, Grass oder Gross. Es handelt sich bei diesem Triplett der Emotionen um Worte, die notwendig sind, weil sich «Ärger» nicht aggressiv genug anhört und «Hass» zu undifferenziert ist. Griss, Grass und Gross setzen sich zusammen aus den Worten Grimm, Gram und Groll,

kombiniert mit dem Ende von Hass. So erhält man durch die Verwendung von Griss eine wutlastige, grimmige Tendenz, bei Grass spielt neben der Hasskomponente die aggressive Traurigkeit von Gram hinein. Bei Gross klingt schließlich nicht nur das englische «ekelhaft» (gross) mit, sondern natürlich auch die deutsche Größe, die dem Grollhass oder kurz Gross angemessen Wortgeschmack verleiht. Natürlich lassen sich Griss, Grass und Gross nicht nur gegenüber Telefonhotlines empfinden, sondern an jeder Stelle, an der die unerbittliche Weltmaschinerie auf den Einzelnen und sein Eigentum trifft, Fahrkartenautomaten, Firmenwebsites, Wahlurnen, so was alles.

GEIFERSUCHT
Der ununterdrückbare Wunsch, unablässig zu meckern.

IGNORANGST
Der Grund, aus dem man den Partner nicht fragt, wo er war, wenn er morgens um fünf besoffen nach Hause kommt.

ENDTÄUSCHUNG
Was aussieht wie der Flüchtigkeitsfehler eines abgelenkten Gymnasiasten, ist in Wahrheit ein neues Wort: die Endtäuschung ist das Ende einer Täuschung, der man aufgesessen ist. Obwohl der Umstand, nicht länger getäuscht zu werden,

95

eigentlich glücklich stimmen sollte, überwiegt bei den meisten Menschen nicht Freude, sondern unverständlicherweise Enttäuschung. Benutzt man dagegen das Wort Endtäuschung, so verschiebt sich die Bedeutung vom Negativen ins Positive, von «Wir wurden belogen und betrogen» zu «Hurra, wir werden nicht mehr verarscht!». An dieser Stelle trennt sich die rückwärtsgewandte Spreu vom fortschrittsfreudigen Weizen: die einen schauen zurück in Bitterkeit, die anderen freuen sich über die neugewonnene Erkenntnis.

VORSORGEN

Die Vorsorgen sind die Befürchtungen, die man sich macht, bevor es Anlass zu echter Sorge gibt. Vorsorgen treten als diffuses Gefühl in den Momenten auf, in denen man sich aus Gründen des Aberglaubens (den Teufel an die Wand sorgen) noch nicht traut, offiziell besorgt zu sein. Während Sorgen fast immer berechtigt sind, sind Vorsorgen nur selten Anlass zur Sorge. Als Faustregel lässt sich dieses Bauchgefühl mit einer neuen Redewendung verallgemeinern: Wer vorsorgt, gewinnt.

DIE GRESSIONEN

Aggressionen sind das Benzin der Gesellschaft. Natürlich hofft man als friedfertiger Mensch, dies sei Liebe oder wenigstens Geld. Aber Liebe führt dazu, dass die Leute sich hinlegen, zusammenkuscheln und gemeinsam langsame Musik hören – nach Benzin hört sich das nicht an. Auch Geld lässt sich nicht als Treibstoff der Gesellschaft bezeichnen, denn wer keins hat, bleibt nicht stehen, sondern ist gezwungen, noch viel aktiver zu werden.

Aggressionen sind also das Benzin der Gesellschaft und als solches unterdefiniert. Denn Aggression ist nicht gleich Aggression: sinnvoll ist die weitere Unterscheidung zwischen den drei Gressionen Argression, Angression und Abgression.

- *Argression bezeichnet das Wallen aggressiver Energie in Verbindung mit einem konkreten Ärgernis.*
- *Angression ist die Mischung aus Angst und Aggression und resultiert im Angriffswunsch aus Furcht.*
- *Abgression ist der Blitzableiter gewaltfördernder Gefühle.*

Überbegriff für die Gressionen bleibt die gute, alte Aggression, die das Leben so vieler Generationen aufregend gemacht hat, wo sonst nur lasche Harmonie und Schläfrigkeit herrschen würde.

ANZIEHUNGS-LOSIGKEIT

Eigentlich seltsam: das seit «Sex & the City» popkulturell manifestierte Gefühl, man habe trotz eines vollen Kleiderschranks irgendwie nichts anzuziehen, hat bisher keinen griffigen Namen. Genau dieses Problem löst das Wort anziehungslos, als Substantiv: Anziehungslosigkeit. Durch die klangliche Nähe zur Anziehungskraft, der Gravitation, wird auch die Schwere des Gefühls veranschaulicht, mit der die oder der Leidende beim Öffnen des Kleiderschranks zu Boden gedrückt wird.

PLOMP

Das Gefühl, das sich eine Viertelstunde nach einem kartoffelhaltigen Kantinenessen einstellt und absolute Arbeitsunfähigkeit zur Folge hat. Ein Fresskoma von diesem Ausmaß kann weder durch Espresso noch Kräuterschnäpse mit fragwürdigem Geschmack beseitigt werden.

Anwendungsbeispiel: «Kann irgendjemand bitte die Konferenz leiten, mein Plomp lässt einen Einsatz meinerseits leider nicht zu. LG, B.»

macht eigentlich das verheulen von verheult? Zumindest die letzte Frage lässt sich beantworten. Es ist hier und bedeutet, mit seinen Tränen die Haut rund um die Augen aufquellen lassen, bis das Salz die Lider gerötet und die Wimpern verklebt hat.

GENOMMENHEIT

Gegenbegriff zu Gegebenheit. Mit den Gegebenheiten klarzukommen, das haben Generationen von Erziehungsberechtigten ihren Erziehungspflichtigen beigebracht. Bei näherer Betrachtung muss jedoch ein selten erkannter Unterschied benannt werden: Gegebenheit gut und schön – aber mit einer Genommenheit zurechtzukommen, das ist die wahre Schwierigkeit. Bestes Beispiel sind 100 Euro Taschengeld für Jugendliche. Diese als Gegebenheit zu betrachten und sich damit durch den Monat zu wurschteln ist angesichts der Kosten für Playstation-Spiele und Marihuana aus organischem Anbau nicht leicht. Werden die 100 Euro jedoch wegen Drogenkonsums gestrichen und müssen deshalb als Genommenheit angesehen werden, ist das Geschrei groß. Und zwar zu Recht.

SICH PONIEREN

Nach einem einwöchigen Wanderurlaub als unsportlicher Mensch heimlich mit der eigenen Gesäßmuskulatur zufrieden sein. Gehört wegen des mitteleuropäischen Mit-sich-unzufrieden-sein-Diktats zu den am wenigsten weitererzählbaren Erlebnissen überhaupt.

MÜRRE

Das Nomen zu mürrisch, weil Mürrischkeit sich ja wohl anhört wie betrunken auf dem Karneval ausgedacht und das Murren etwas völlig anderes ist. Mürre ist Statler & Waldorf in ein Wort gepresst.

DIÄKTIK

Der frühsommerliche Drang, in kürzester Zeit fünf Kilo abzunehmen. Am besten bis Samstag.

VERHEULEN

Zu den Seltsamnissen der deutschen Sprache gehören die in der Gegend herumliegenden, abgetrennten Wortgliedmaßen. Wo ist das bescheuern, von dem bescheuert abstammen müsste? Was ist mit dem durchtreiben passiert, von dem heute nur noch das durchtrieben übrig ist? Und was

VORAUSEILENDER UNGEHORSAM

Hinlänglich bekannt aus Funk, Fernsehen und Faschismus ist das Gegenteil: der vorauseilende Gehorsam, eines der gesellschaftlichen Instrumente, die auch nur die Andeutung eines autoritären Apparates zur Höllendiktatur machen. Der vorauseilende Ungehorsam dagegen ist die grundsätzliche Fundamentalopposition gegen die vermutete Position der Obrigkeit. Dieses Verhalten ist je nach Umständen, Absicht und Ausführung eine der geschicktesten Aktionen eines politischen Gegners oder das kindische, bodenwälzende Schreien an der Supermarktkasse, noch bevor kein Lolli gekauft wird. Manchmal sogar beides gleichzeitig.

EGALNESS
→ (*auch:* Egalnis)

Das Wort brauchte man einfach.

RECHTGEBEREI
Rechthaberei ist schon unangenehm genug, aber diejenigen, die den nervigen Besserwissern recht geben, sind noch schlimmer. Die ständige Rechtgeberei ist für manche eine energiesparende Flucht aus der Meinungspflicht. Für andere ist sie ein bequemer Weg zu einer eigenen, fundierten Überzeugung. Für Dritte ist Rechtgeberei das Einzige, wozu sie in der Lage sind, weil ihnen kein einziger eigener Gedanke kommt, der auch nur ansatzweise zustimmungsfähig ist.

EMOEMOTIONAL
Seit «Emotionale Intelligenz» in jedem Managerhandbuch als wichtigste Eigenschaft für Konzernführer im Wohlfühlkapitalismus angepriesen wird, ist die Wendung «er reagiert emotional» belanglos geworden. Früher bedeutete dieses Urteil noch einen argen Schlag für die Männlichkeit. Heute ist die gegenteilige Formulierung «er reagiert unemotional» ein Todesurteil für die Führungsqualitäten eines Abteilungsleiters. Deshalb wird für die wirklich emotionalen Momente und Aktionen dringend ein neues Wort benötigt. Es bietet sich an, die emotionalste Kulturbewegung überhaupt zur Inspiration zu nutzen: die Emos. Die neue, maximale Gefühlsintensität ist so emotional wie Emos, also emoemotional.

HEISCHE
Während die letzte aktive Verwendung der Wortgruppe um heischen das Beifallheischen ist, existiert bisher kein offizielles Substantiv zur Wortfamilie. Die Heische füllt im Deutschen endlich die Lücke, die der Englischsprechende schon lange mit «fishing for compliments» gestopft hat. Heische ist gleichzusetzen mit der plump vorgetragenen Sehnsucht, gelobt zu werden oder Zustimmung zu erfahren. Sie kann deshalb auch als vorauseilender Opportunismus verstanden werden.

GERÄTE &
ANWENDUNGEN,
DIE BITTE UNBEDINGT NOCH ERFUNDEN
WERDEN MÜSSEN

Technologie, elektrischer Segen für die Menschheit. Wer mit dem Schlachtruf «Zurück zur Natur» nicht bloß das Weglassen von Farbstoffen in der Kinderlimonade meint, sondern allen Ernstes den technischen Teil der Zivilisation verdammt, hat offensichtlich noch nie handfabrizierte Kleidung aus handgeernteten Pflanzenfasern von Hand gewaschen. Oder über die beste Erfindung der Neuzeit nach dem Internet nachgedacht: die Zentralheizung. Oder überhaupt nachgedacht. Denn der Weg führt nur nach vorn, die Lösung ist mehr und bessere Technologie, nicht weniger.

Während die Verbesserung von allen möglichen Geräten bereits auf der Agenda der meisten Unternehmen steht, klafft in vielen Bereichen eine große Lücke noch nicht gehabter Ideen und ungemachter Erfindungen. Ein klares emotionales Manko des Menschen ist, dass er nicht vermisst, was er noch nicht kennt. Aus diesem Grund bestimmt der Markt von gestern, was auf dem Markt von morgen angeboten wird.

Erst in jüngster Zeit sind im Internet Plattformen entstanden, die Abhilfe schaffen. Dort werden Ideen und Prototypen von zukünftigen Geräten vorgestellt, und wenn sich ausreichend potenzielle Käufer finden, wird es produziert. Das ist ein erster Schritt, reicht aber noch nicht aus, um einige drängende Probleme zu lösen. Denn dafür sind Fortschritt und Technologie doch da: diejenigen Probleme zu lösen, die man durch die Vorgängerversion überhaupt erst bekommen hat.

Deshalb finden sich in diesem Kapitel die Gerätschaften, deren Existenz überfällig ist, teilweise schon viele Wochen lang.

UNTERNEHMEN MIT
ERNSTHAFTEM
REALISIERUNGSINTERESSE
TRETEN BITTE MIT NEON
UND SASCHA LOBO UNTER
DEN LEICHT
GOOGLEBAREN
KONTAKTDATEN IN DIALOG.

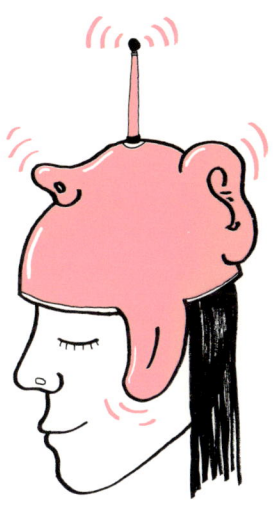

FÜHLOMETER

Programme, die einen im Radio laufenden Song oder sogar ein unbeholfen gesummtes Lied erkennen können, gibt es bereits. Gebraucht wird das Fühlometer, das Gedanken über Sinneseindrücke auslesen und bestimmen kann. Dieser Geruch im Urlaub damals, der kurze Soundschnipsel aus einem vorbeifahrenden Auto, der Geschmack dieses einen Gerichts – das alles soll nicht verloren sein oder Anlass zu tagelangen, aber erfolglosen Zermarterungen aller Gehirnwindungen geben. Stattdessen spuckt der Fühlomat aus: der erinnerte Duft kam von der Pflanze Heliotrop, die Klänge gehörten absurderweise zu einer Danceversion von «La vie en rose» von Yves Montand, und der längst verloren geglaubte Geschmack rührte von einem persischen Gewürz namens Sumach. Vielleicht wird das Fühlometer eine Reihe von Enttäuschungen verursachen, weil das Lied Jahre später belanglos ist, das Gewürz anders schmeckt als in der verklärten Erinnerung und der vanillesüße Blumenduft einem nach 30 Sekunden über ist. Aber auf einen Versuch könnte man es ankommen lassen.

CONTACARD

Die Visitenkarte wurde vermutlich mehr als 2000 Jahre vor Christi Geburt im alten Ägypten erfunden und gehört deshalb zusammen mit der Verwendung von Faxgeräten zu den anachronistischsten Businessritualen überhaupt. Die Contacard ist der elektronische Nachfolger der Visitenkarte, die mehr als vier Jahrtausende nach ihrer Erfindung als ältestes Büromaterial langsam mal abgelöst werden könnte. Zwar besteht die Contacard auch aus einer Chipkarte, die an andere Contacards gehalten die gewünschten Daten überträgt. Die dazugehörige Internetplattform verbindet sich aber mit sämtlichen benutzten Networks, gleicht dadurch stets die aktuellsten Datensätze ab und lässt sich mit sämtlichen bekannten Handymodellen ansteuern. Neben der Funktion auf der Chipkarte selbst funktioniert die Contacard auch als App, kann per Mail oder SMS versendet werden und auf allen anderen erdenklichen Wegen auch. Und das Beste ist: damit die Contacard wenigstens einen Teil der Funktionen behält, wenn der Akku alle ist, werden die wichtigsten Kontaktinformationen nicht nur elektronisch gespeichert, sondern auch vorne aufgedruckt.

ALARMAT

Der Alarmat ist eine Internetplattform, die den Nutzer auf jede gewünschte Weise bei allen möglichen Vorgängen alarmiert. Wenn der beste Freund online geht, wenn der Kontostand unter 0 Euro gerät, wenn die Wassertemperatur im Lieblingsbadesee 18 Grad übersteigt: zack, der Alarmat schickt eine Nachricht. Aber auch, wenn der Wunschpartner auf Facebook den Beziehungsstatus «Single» oder wenigstens «It's complicated» einträgt und sich anschließend nach 22 Uhr alkoholisiert in weniger als 500 Meter Umkreis aufhält. Gerade dann.

MATRON

Natürlich steht in weiter Ferne die Vision, dass man irgendwann nur noch mit einem einzigen Gerät herumläuft und das dann vielleicht auch noch in die Jacke eingewoben ist. Bis es so weit ist, trägt der durchschnittlich digitale Mitbürger zwei bis fünf Gerätschaften mit sich herum, von der Digitalkamera über Erst- und Zweithandy bis zum ultraportablen Minilaptop und – für Notfälle – auch das Tablet. Dazu kommt ein Laptop zu Hause, ein Camcorder, ein kleiner Beamer, ein Navigationsgerät für das Auto sowie ein mittelgroßer Haufen Fernsteuerungen. Deshalb ist unverzichtbar: die sofortige Erfindung der Matron, der Mutter aller elektronischen Geräte (Ideeinhaberin Kathrin Passig nennt sie Mutterhuhn). Die Matron passt in eine Faust, lässt sich als Anhänger um den Hals oder am Schlüsselbund tragen und ist ständig drahtlos mit allen anderen Geräten verbunden. Sie weiß jederzeit, wo

was ist, und kann auf Knopfdruck sowohl den Abstand des Tochtergeräts wie auch den Weg dorthin anzeigen, selbst wenn dessen Akku leer ist. Damit das Mutterhuhn selbst nie verlorengeht, teilt es einem Internetserver ständig seine präzise Position mit, die passwortgeschützt im Netz abrufbar ist. Außerdem reagiert sie auf eine bestimmte Wort- oder Geräuschkombination mit lautem Piepen, Blinken und Vibrieren. In der Matron lässt sich zusätzlich ein Warnsignal einstellen, falls sich ein bestimmtes Tochtergerät von ihr entfernt. Auch für nichtdigitale Gegenstände lässt sich die Matron verwenden, indem zur Matron gehörende, in kleinen Aufklebern verborgene Mikrochips ebenso angesteuert werden können wie verbundene Geräte.

PASTETASTE

Die von Doktorarbeiten bis Facebook im Netz am häufigsten benutzte Funktion – Copy & Paste – hat noch keine eigene Taste auf der Tastatur? Langsam wird es Zeit.

LUFTLINK

Moment – im dritten Jahrtausend muss man eine Telefonnummer auf dem Rechner entweder stundenlang aufs Handy synchronisieren, per elektronischer Nachricht über einen Server in San Francisco an sein Mobiltelefon senden oder sogar von

Hand eingeben? Das kann nicht angehen. Und deshalb wird der Luftlink benötigt, eine Technologie, die alle möglichen Daten mit einem Fingerzeig von einem Gerät aufs andere transferiert, ein Copy&Air-paste. Erste Ansätze gibt es hier bereits, gute noch nicht.

NEUE KRANKHEITEN, HIPPE STÖRUNGEN UND SYNDROME DES ALLTAGS

ZUM ANGEBEN AUF PARTYS, UND IM INTERNET SOWIE FÜR DAS SOLIDE BEGRÜNDETE SELBSTMITLEID ZUR RECHTEN ZEIT

S

pott und Häme über Alte und Kranke gehören von jeher zum schmierigsten Partygesprächs-Repertoire der Halb- bis Viertelstarken. Eine unangeneh-me Eigenschaft, die jedoch Nahrung erhält durch das Partygesprächs-Repertoire der Alten und Kranken, die Alter und Krankheit zu oft als wich-

tigstes Themenfeld betrachten. Sprich-
wörtlich sind die Kaffeekränzchen,
auf denen Unpässlichkeiten bis ins
eitrige Detail hinein besprochen und
verglichen werden. Man wünscht
sich, es wäre bloß ein Vorurteil, aber
nach einer ausgedachten Studie
von Forcaster Research (Edgarson,
Billerov; Augsburg 2007) enthalten
73,4 % aller Seniorengespräche
gesundheitliche Aspekte. Darunter
finden sich 43,4 % Beschreibungen
körperlicher Unzulänglichkeiten und
immerhin 12,9 % präzise Ausführun-
gen zu Operationen und allgemeinem
Wundgeschehen.

Jedoch: Die Gesellschaft wird zwar
immer älter, aber auch immer gesün-
der. Dadurch droht ein Mangel an
Gesprächsthemen. Dazu kommt die
Vermischung der Generationen.
Diese führt durch die aktiven Alten
dazu, dass die Jugend nicht einmal
mehr beim Downhill-Biken im Hoch-
gebirge unter sich ist. Weil Gesprächsthemen abfärben, dürfte das Thema
Gesundheit und das Gegenteil davon
bald auch für Jüngere relevant werden.

Erste Entwicklungen zeichnen sich
bereits ab: wer auf Partys ohne hippe
Krankheiten und Syndrome ist, wird
als perfektionistischer Streber betrachtet. Die Coolen aber bekommen die
schönsten Drogen von Ritalin bis
Valium auf Rezept. Sogar eine Nagel-
bettentzündung taugt als sozialer
Partykitt, wenn das dagegen verschrie-
bene Antibiotikum auf überraschende
Weise mit Alkohol interagiert.

Den armen Kaumkranken, Nichtge-
störten und Unsyndromierten soll
dieses Kapitel helfen, nicht sozial zu
veröden, weil sie beim wichtigsten
Thema in Schule, Beruf und Alters-
heim nicht mitreden können: dem
eigenen Gesundheitszustand, der
gefälligst angeschlagen bis vollkommen derangiert zu sein hat. Für alle,
denen die eigenen Krankheiten zu
gewöhnlich oder belanglos erscheinen, ist dieses Kapitel natürlich auch
geeignet.

NAMNESIE

Als Namnesie wird die Störung bezeichnet, alle möglichen Namen immer wieder zu vergessen. Namnetiker sind durch ihr Leiden gezwungen, Strategien zur Vermeidung sozialer Irritationen zu entwickeln.

Was die subjektive Peinlichkeit betrifft, befindet sich Namnesie trotz ihrer hohen Verbreitung auf einer Ebene mit einem eitrig-grünen Ausschlag auf der Stirn. Die meisten Leute sind nämlich noch immer recht ungehalten, nur weil man ihren Namen vergisst, obwohl man kaum 25 Jahre lang zusammen im Zweierbüro gearbeitet hat. Als sehr erfolgreich haben sich dabei folgende Strategien ergeben:

• Die langgezogene, umständliche Begrüßung: «Heeeeey, na, wie geht's dir, wir haben uns ja ewig nicht gesehen, ich habe oft an dich gedacht, wir haben ja so viel miteinander erlebt.» Dadurch wird eine so hohe Vertrautheit aufgebaut, dass der Name wirkt wie bereits erwähnt.

• Der Klassiker: Eine Vorstellungssituation herstellen und die Begleitung vorab bitten, sich selbst mit dem eigenen Namen vorzustellen. Die Reaktion darauf ist in den meisten Fällen die Selbstvorstellung der Gegenseite.

• Fortgeschrittene beherrschen die Kunst des Halloooo – eine Form, «Hallo» zu sagen, die zwar ohne Namen auskommt, aber schon wenige Sekunden später wirkt, als hätte man ihn mitgesprochen.

• In größeren Runden mit Grüppchenbildung lassen sich mit vagem Fingerzeigen gute Erfolge erzielen:

«Er zum Beispiel hatte ja angeblich mal was mit Birgit.» – «Wer? Peter? Oder hast du auf Max gezeigt?»

• In der Kneipe bietet sich das beliebte Spiel an «Wer hat das seltsamste Foto auf Personalausweis oder Führerschein?». Es wurde von geschickten Namnetikern erfunden. Kenner bereiten sich langfristig darauf vor, indem sie immer ein Dokument mit einem völlig lächerlichen Passfoto von sich mitführen und es zu Beginn eines Treffens mit einer Ausrede in die Runde zeigen: «Den hatte ich verloren, zum Glück wurde er mir vorgestern zurückgeschickt, wegen dem irren Foto.» So lassen sich fast immer Ausweisvorzeigerunden provozieren.

• Die Vortäuschung, man habe die Handynummer des anderen aus Versehen gelöscht, funktioniert gut bei Nerds und technisch interessierten Personen, die einem daraufhin per SMS die eigene Vcard schicken. Günstigerweise kann man den Namen dann während des gesamten Treffens immer wieder nachschlagen.

• Die hohe Kunst der Namnesie-Gegenstrategie ist die Flucht nach vorn. Dabei eröffnet man das Gespräch mit dem entschuldigenden Geständnis: «Ich kann mir ja leider Namen nie merken …» Mitten in die genervte Antwort («Ich heiße immer noch Andreas») grätscht man hinein: «Du musst mich doch ausreden lassen! Also, ich kann mir Namen nie merken, außer bei dir, Andreas, witzig, oder?»

• Eine Variante der Flucht nach vorn ist mit mehr Risiko behaftet: die Nachfrage mit gezücktem Handy oder

Notizbuch: «Sorry, ich kann mir nie merken, wie dein Vorname geschrieben wird.» Glück, wenn das Gegenüber «Germaîne-Doménicque» heißt. Eine etwas schwieriger zu erklärende Situation entsteht bei einem Paul.

Der Besuch eines bundesdeutschen Kindergartens erweckt den Eindruck, dass alle Kinder das Aufmerksamkeitsdefizitsyndrom (ADS) haben und sich nur noch dadurch unterscheiden, *wie viel*

Ritalin sie nehmen. Junge Leute ohne Aufmerksamkeitsstörung fallen heute durch unangenehm ruhige Verhaltensweisen auf und müssen sich zudem teure, illegale und chemisch verunreinigte Drogen beschaffen, weil sie das opiatähnliche Ritalin nicht vom Arzt verschrieben bekommen. Dann auch noch mit der Außenseiterposition des einzigen Konzentrationsfähigen im gesamten Jahrgang geschlagen zu sein, das hält nicht jeder aus. Aus diesem Grund wurde das Konzept ADF entwickelt, der Aufmerksamkeitsdefizitfaktor. Das bedeutet schlicht, dass man sich nicht konzentrieren kann, wenn ein bestimmter Faktor ins Geschehen eintritt. Dieser Faktor wird mit dem Anfangsbuchstaben hinter dem Störungsbild ADF gekennzeichnet. Wer sich zum Beispiel in einer Achterbahn nicht ausreichend konzentrieren kann, hat ADF-A. ADF-E ist eine der am meisten verbreiteten Störungen der Welt: die Unfähigkeit, sich während eines Erdbebens zu konzentrieren. Der große Vorteil von ADF ist, dass es sich umso imposanter anhört, je harmloser es ist, bis hin zur Allerweltsstörung ADF-M (Aufmerksamkeitsdefizit während eines Meteoriteneinschlags).

ALLERGIEALLERGIE

Allergien sind angeblich das Volksleiden der Deutschen (Bildunterschrift im SPIEGEL 1/2005) und deshalb oft auch das Volksgesprächsthema. Ausgeschlossen fühlt sich, wer nicht mit allergieren kann, wer keine eindrücklichen Geschichten von tränenden Augen, rumorenden Gedärmen und stark geröteten Hautflächen zu erzählen hat. Diesen Personen kann durch einen schlichten Perspektivwechsel geholfen werden, denn schließlich sind Allergien in der Regel Abwehrreaktionen des Immunsystems, die ein wenig heftiger ausfallen. Wer weder auf Blütenpollen oder Medikamente noch auf Tierhaar oder wenigstens abseitige Lebensmittel allergisch reagiert, ist vielleicht einfach zusätzlich zur normalen Allergie allergisch gegen Allergien – und die doppelte Immunüberreaktion hebt sich auf. Diese bemitleidenswert unbemitleidenswerten Menschen sind mit der Allergieallergie geschlagen. Fortan können sie auf Stehpartys normalen Allergikern erzählen, wie sie Erdnüsse knabbernd auf stark haarenden Pferden unter dem Einfluss von Penicillin durch ein schneedichtes Birkenpollentreiben galoppierten und ihre Allergieallergie ihnen jede Chance nahm, Juckreizendes zu erzählen.

ALLEGIE

Die Allegie ist eine phasenhaft auftretende Störung, in der man auf alle allergisch reagiert. Sie kann von ein paar Minuten bis zu acht Jahren andauern. Während die Heilungsmethoden noch weitgehend im Dunkeln liegen, sind die Ursachen ebenso naheliegend wie gut erforscht: alle sind in der Tat anstrengend, nervig und auf unterschiedliche Arten energieraubend. Eigentlich ist es ein Wunder, dass nicht mehr Menschen häufiger allegische Reaktionen auf alle zeigen. Bei schwersten Allegie-Attacken lindern ein längerer Aufenthalt im Isolationstank, Alkohol oder Eremitentum die Beschwerden.

BEKANNTITIS

Die Prosopagnosie ist ein seltenes Phänomen, bei dem jemandem die Fähigkeit fehlt, selbst gut bekannte Gesichter wiederzuerkennen.
Die Bekanntitis ist das exakte Gegenteil, das wahrscheinlich auf der exponentiell gestiegenen Zahl der täglich online wahrgenommenen Gesichter beruht. Wer unter Bekanntitis leidet, glaubt bei fast jeder auf der Straße entgegenkommenden Person eine Bekanntschaft vor sich zu haben. Oder zumindest das Gesicht irgendwoher zu kennen. Facebook-Friend? Arbeitskollege? Zufallskontakt aus einer Singlebörse? Die Bekanntitis mündet zuverlässig in die Grübelei über Freundschaft, den Sinn des Lebens und das eigene Gedächtnis.

FLÄUE

Für eine solide Übelkeit reicht es noch nicht ganz, aber es ist mehr als nur ein leichtes Unwohlsein. Viele Leute sprechen in diesem Fall davon, dass ihnen «flau im Magen» sei. Genau das ist der Zustand der Fläue, die es auch in verschiedenen Zusammensetzungen gibt: Magenfläue, Darmfläue, Gallenfläue. Auch Hirnfläue ist als Erscheinung bekannt. Sie tritt aber eher dauerhaft als temporär auf und seltener in Selbstbeschreibungen, dafür häufiger in Fremdbeschreibungen.

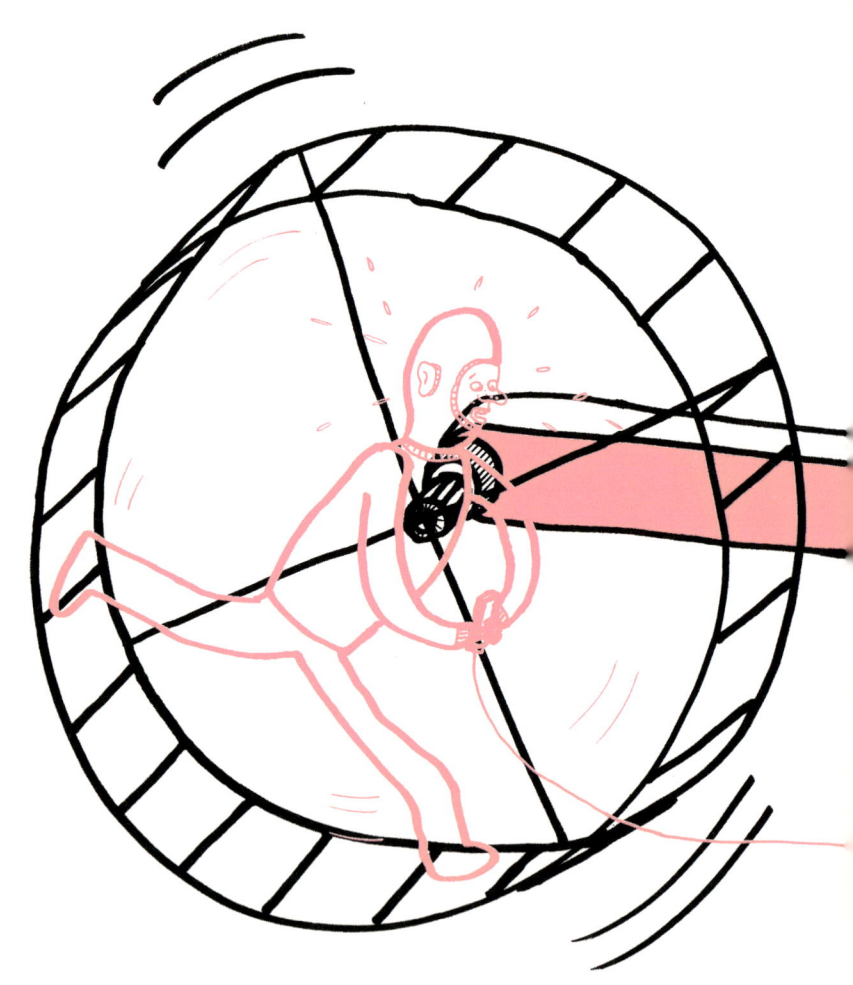

NEUE KRANKHEITEN

ALLEPHOBIE

Die Allephobie ist nicht die Angst vor allen. Allephobie ist die Angst davor, dass der Handy-, Laptop- oder Kamera-Akku leer sein könnte, bevor man eine Ladechance hat. Während die meisten Phobien eher psychischen Ursprungs sind, hängt die Allephobie mit dem Material zusammen und ist daher mit zunehmendem Alter der Akkus absolut begründet. Ein mitgeführter Ersatzakku hat sich nicht als hilfreich erwiesen, weil dieser die Intensität der Allephobie verdoppelt. Schließlich können nun zwei Akkus zur Unzeit den Geist aufgeben.

AUFSTEH-STÖRUNGEN

Schlafstörungen in allen Facetten sind neben dem Magengeschwür die Modekrankheit der arbeitenden Bevölkerung geworden. Probleme mit dem eigenen Schlafverhalten haben sich dabei zu einem inoffiziellen Gradmesser der Anstrengung entwickelt. Wer gut schlafen kann, arbeitet nicht genug und wird unter verächtlichem Schnauben auf After-work-Partys aus der Hochleistungs-Büroelite ausgeschlossen. Der im Schnitt nicht ganz so hart arbeitende Teil der Bevölkerung, also Studen-

ten, Künstler und Berliner, hat eine eigene Gegenkrankheit entwickelt. Sie hängt ebenfalls mit der Hauptbeschäftigung dieser Gruppe zusammen, in diesem Fall heftiges Nachtleben: die Aufstehstörung. Die großen Schwierigkeiten, überhaupt aus dem Bett zu kommen, werden bei Schulkindern als Faulheit oder Unwilligkeit gebrandmarkt. Erwachsene retten sich mit der Selbstdiagnose Aufstehstörungen aus der unangenehmen Verantwortung. Man kann schließlich nichts für seine Krankheiten, und Vater kam auch schon so schwer aus den Federn, vermutlich vererbt also.

Durch das angehängte Wörtchen «-Störung», dem der Sound der Medizin anhaftet, verwandelt sich der Vorwurf mangelnder Selbstdisziplin in üble Hetze gegen Aufstehbehinderte.

(FOTO-)EGALITIS

Wenn es trotz großer Anstrengung schwerfällt, selbst bei extremen Fotos und Videoclips irgendetwas Tiefergehendes zu empfinden, leidet man an Egalitis (Extremform der ➔ Egalness). Seit den 1990er Jahren werden auf einer Reihe von Internetplattformen die widerwärtigsten und ekelhaftesten Bilddokumente gesammelt. Dabei werden sämtliche Körperlichkeiten gekreuzt, verdreht und aufs ungünstigste wieder zusammengesetzt, ergänzt durch Abscheuliches, Absonderliches und Gewalttätigkeiten. Wer aus Gründen der Neugier einige Hundert dieser Fotos und Videos angesehen hat, entwickelt visuelle Antikörper und kann durch Bilder nicht mehr erschüttert werden. Allerdings heißt das nicht, dass die unter Egalitis leidende Person nicht trotzdem durch den Live-Anblick einer blutgefüllten Spritze in eine dreistündige Ohnmacht fallen kann.

SCHMEXEN

Schmexen sind körperliche Schmerzen, die sich aus der unerwarteten oder unvorbereiteten Konfrontation mit Expartnern ergeben. Schmexen sind bekannterweise ein Anzeichen für noch vorhandene Gefühle gegenüber dem Expartner. Allerdings trügt die häufig kolportierte Meinung, nur eine Restverliebtheit

könne Schmexen verursachen. Schmexen können nachweislich auch beim zufälligen Treffen eines inzwischen verhassten, früheren Partners entstehen (➔ Exzem).

AUTOGRESSION
Anders als die Autoaggression bezieht sich die Autogression nicht auf die eigene Person, sondern auf andere Verkehrsteilnehmer. Autogression ist die stark erhöhte Hitzigkeit während der Autofahrt und geht oft mit dem ➔ Fahrfluchen einher. Unterart der ➔ Gressionen.

STATUSPANIK

Statuspanik ist die plötzlich auftretende Angst, man habe eine private Nachricht auf einem Netzwerk versehentlich als für alle sichtbare Statusmeldung veröffentlicht. Varianten der Statuspanik sind die Befürchtung, eine SMS der falschestmöglichen Person überhaupt geschickt zu haben, sowie die Furcht, eine Mail mit üblen Lästerkommentaren nicht an Freunde weitergeleitet, sondern aus Unachtsamkeit auf «Allen antworten» gedrückt zu haben.

ARBEITSWIRBEL-TRAUMA

Der Albtraum aller Unfallversicherungen ist das medizinisch kaum nachweisbare, aber trotzdem irgendwie gefährliche Hals-Nackenwirbel-Trauma. Nun hat es nach seinem großen Erfolg in der Autobranche endlich seine Entsprechung im Büroalltag gefunden. Letztlich ist das Arbeitswirbel-Trauma eine stressbedingte Erkrankung, die – der Name deutet es bereits an – von zu heftigem

HOCH-UNBEGABUNG

Einhundert von einhundert Eltern halten ihr Kind für hochbegabt. Deshalb erklären sie jede Unregelmäßigkeit im Alltag mit der Unfähigkeit des Umfeldes, mit der Hochbegabung zurechtzukommen. Hochbegabung ist gewissermaßen die beliebteste Störung überhaupt. Die gesamte Familie kann darunter leiden und muss doch nicht die Hoffnung auf einen künftigen Nobelpreisträger in der Verwandtschaft aufgeben. Ärgerlich wird es nur, wenn der Nachwuchs recht offensichtlich für alle Beteiligten zu dumm ist, um ohne Lachtränen der Nachbarn, Lehrer und entfernteren Familienmitglieder als hochbegabt bezeichnet werden zu können. Für diese Kinder gibt es einen Ausweg, der die Besonderheit ebenfalls abbildet, aber glaubwürdiger daherkommt: die Hochunbegabung. Hochunbegabte Kinder sind weitgehend normal, in speziellen Bereichen aber bar jeden Verständnisses, jeder Fähigkeit und jeder Chance, je auch nur Durchschnittsleistungen erreichen zu können oder zu wollen. Die häufigsten Störungen dieser Art sind die sportliche Hochunbegabtheit am Barren und die sprachliche Hochunbegabung für Alt-Aramäisch, die rätselhafterweise trotz ihrer großen Verbreitung selten diagnostiziert wird.

Wirbel am Arbeitsplatz herrührt. Von dort ist nur noch ein kleiner, aber trotzdem gefahrgeladener Schritt zum Trauma durch den Arbeitswirbel. Das Arbeitswirbel-Trauma sollte selbstredend eine sofortige Krankschreibung für bis zu relativ vielen Wochen nach sich ziehen. Alles andere wäre aus wortmedizinischer Sicht unverantwortbar.

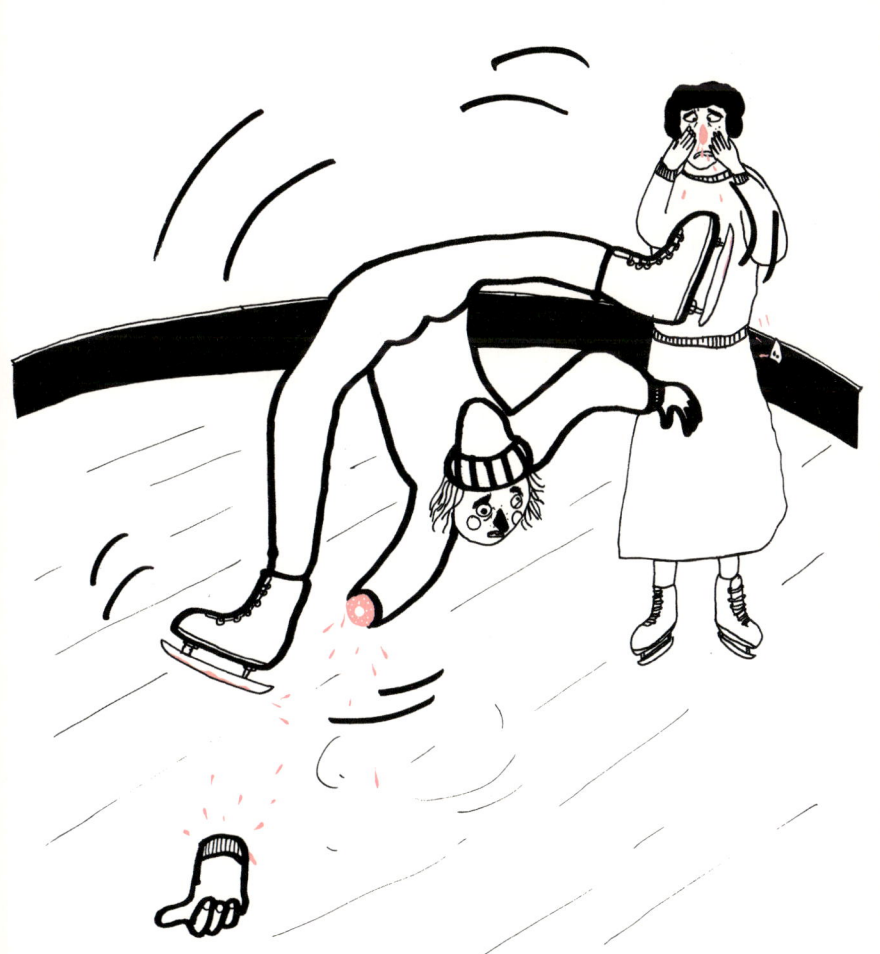

NEUE EUPHEMISMEN

UNSER WORT SOLL SCHÖNER WERDEN

E

uphemismen, also Schönwörterei, sind die Tränen unter den Worten: der Bestandteil der Sprache, der die schönsten und traurigsten Momente des Lebens begleitet. Kaum ein Kompliment aus Liebe, das nicht euphemistische Züge trägt. Speckrollen werden zu Love Handles, aschfahle Haut wird zu vornehmer Blässe verklärt, und selbst die allerungepflegtesten Füße taugen für die Bezeichnung einzigartig. Das ist sinnvoll und richtig, hier ist die Schönwörterei gut aufgehoben. So wie auch euphemisierende Wendungen zur Verschleierung und Faktenglättung ihre Berechtigung haben: «Du bist die schönste Frau, die ich je geküsst habe» ist kitschig, aber im richtigen Moment sinnvoll. «Du bist die zwölftschönste Frau, die ich seit Oktober 2004 geküsst habe» mag zwar sachlich korrekt sein, sprachliche Präzision ist aber nicht in allen Fällen angebracht.

Die böse Seite der Schönwörterei ist doppelt perfide. Sie erlaubt es, die Situationen, in denen jemand betrogen, beleidigt, zernichtet worden ist, vor der Öffentlichkeit darzustellen als – etwas anderes. Schläge für die Ehefrau werden zur Meinungsverschiedenheit sanftgelogen. Betrug am Kunden wird auf eine technische Störung, unvorhersehbare Komplikationen oder gar unsachgemäße Verwendung zurückgeführt. Die Einschränkung der Bürgerrechte wird zur Sicherheit verdreht. Hier funktionieren Euphemismen zur Tarnung des Schlechten und Bösen. Solche Handlungen sind für sich genommen schlimm genug. Sie werden schlimmer, wenn die Verantwortlichen sie verschönworten. Euphemismen sind Lügen, in ein einzelnes Wort gepresst. Genau wie echte Lügen sind sie häufiger ethisch vertretbar, als man befürchtet, aber nicht so oft, wie man hofft.

Die neuen Euphemismen dieses Kapitels pendeln in der Mehrzahl in einer Grauzone zwischen gut und böse. Dort, wo es meistens am interessantesten zugeht. Darin liegt natürlich auch eine Gefahr: Worte sind Schwerter, Pathoshupe, moralinsauer, blablabla.

DER LESER FÜHLE SICH
ABER ERMAHNT
UND ERMUTIGT, MIT DEN
EUPHEMISMEN KEINEN
UNFUG ANZURICHTEN.

Oder wenn, diesen Unfug wenigstens in schönen Worten blumig zu umschreiben.

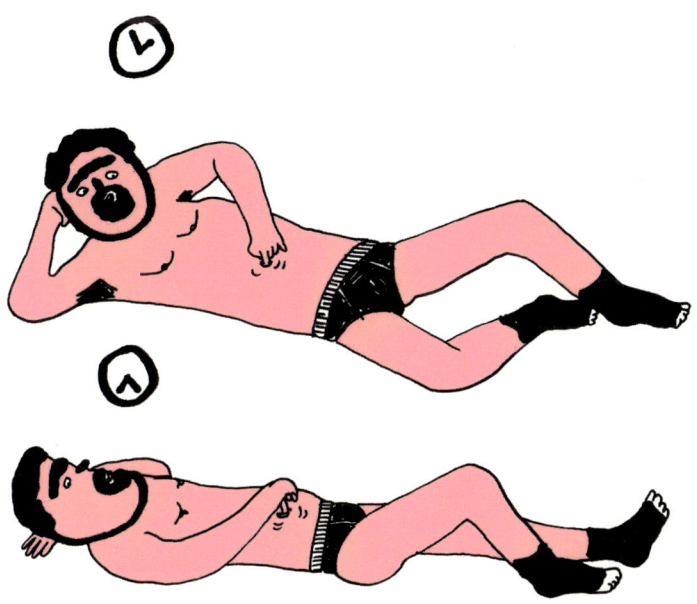

VORAKTIV, NACHAKTIV

Die voraktive Phase ist Zeitspanne des Nochnichthandelns bis zum eventuellen Beginn einer Aktivität. Als voraktiv gilt man auch, wenn man eine Handlung nur geplant, sich fest vorgenommen oder mit dem Gedanken an eine mögliche Aktivität eventuell gespielt hat oder das beinahe getan hätte. Die Voraktion ist in ihrer Dauer nicht begrenzt und beinhaltet keine weiteren Voraussetzungen außer der zeitlichen Einordnung vor einer eventuellen, aber nicht zwingend ausgeübten Aktivität. Mit der nachaktiven Phase verhält es sich ähnlich. Sie ist einer wie auch immer gearteten Aktivität nachgelagert und kann zeitgleich oder unmittelbar aufeinanderfolgend mit einer voraktiven Phase stattfinden. Gewisse Ähnlichkeit zeigen sowohl die voraktive als auch die nachaktive Phase mit dem Herumliegen.

PROMILLKUITIV

Jemanden, der häufig wechselnde Alkoholmischungen in intensiver Weise zu sich nimmt, bezeichnet man als promillkuitiv, wenn man ihn aus ästhetischen oder rechtlichen Gründen nicht Säufer nennen möchte.

PARTNERSUCH-EUPHEMISMEN

Die Partnersuche kann als Ursprung aller Euphemismen gelten. Dort wurde schon immer mit Worten auf schönstmögliche Art verklärt, was sich mit den Augen wenigversprechend anließ. Die Kontaktanzeige, bei der nur noch Worte für eine Person sprechen, entwickelte sich im 20. Jahrhundert zum Gipfel der Partnersucheuphemismen. Diese Tradition wurde durch das Internet nur verlagert, wo weite Teile (Facebook, Twitter, Blogs, Diskussionsforen) nur scheinbar der sozialen Vernetzung und dem thematischen Austausch dienen. Eigentlich sind sie halbherzig getarnte Kontaktanzeigeplattformen. Da sich 104 % aller Leute bizarrerweise für dicker als ästhetisch sinnvoll halten, findet sich in diesem Bereich das stärkste Euphemismusaufkommen. Der Klassiker ist das Wort «vollschlank», das in gezielter Verwässerung des Begriffs schlank das genaue Gegenteil bedeutet. Es folgen nach diesem Muster Vorschläge, die bei der Selbstbeschreibung benutzt werden können. Die nichteuphemistische Übersetzung steht dahinter.

> unfett – *dick*
> körpersolide – *dick*
> teilathletisch – *dick*
> funsportlich – *dick*
> hochstabil – *dick*
> abschlank – *dick*
> schlankisch – *dick*
> dünnig – *dick*
> großschlank – *dick*
> gutvolumig – *dick*
> halbzart – *dick*
> torsoid – *dick*
> undick – *dick*

> standstark – *dick*
> fotofit – *dick*
> figurorientiert – *dick*
> figurunorientiert – *dick*
> prallfreundlich – *dick*
> gelegenheitsaktiv – *dick*
> maximumfett – *magersüchtig*

UMWELT-VERMISCHUNG

Umweltverschmutzung ist ein harter Vorwurf. Jedenfalls angesichts der Tatsache, dass dabei praktisch nichts passiert, außer dass Moleküle in neuen Kombinationen vom einen Ort der Erde an einen anderen transportiert werden. So gesehen sind Sternschnuppen und andere genehmigungslos in unsere Atmosphäre eindringende Himmelskörper die einzige echte Verschmutzung unseres Planeten. Alles andere ist Umweltvermischung, und Vermischung kann so schlecht nicht sein, immerhin ist so das Leben auf der Erde entstanden.

KRAFTSPARORIENTIERT

Stinkend faul.

DAUERWUNSCH

Einer der in der Gesellschaft am weitesten verbreiteten Makel – die Sucht – hat bisher keinen angemessenen Euphemismus. Der Begriff Dauerwunsch füllt diese Lücke. Er gibt dem Süchtigen noch einen ordentlichen Drall ins Romantische und Bescheidene. Wer wünscht, zeigt schließlich Demut vor dem Schicksal. Dann kann der Dauerwünschende doch kaum ein schlechter Mensch sein. Ist er auch nicht, er ist bloß süchtig, aber drückt es schöner aus.

UNHABEND

Unhabend ist das Gegenteil der beiden Begriffe, mit denen sich unfassbar reiche Menschen selbst bezeichnen: wohlhabend und vermögend. Denn bloßes, undifferenziertes Reichsein ist im deutschsprachigen Raum ein Makel. Reichsein fängt für jede beliebige Person allerfrühestens beim doppelten des derzeitigen, eigenen Vermögens an. Wenn aber für die reiche Schicht vornehm anmutende Worte die finanzielle Ausstattung verschleiern, soll dies auch knallarmen Leuten vergönnt sein. Sie mögen sich in Zukunft als unhabend bezeichnen. So können sie aus ihrem wirtschaftlichen Debakel noch ein wenig Wortwürde wringen.

KONSUM-GESCHÜTZT

Es liegt in der Natur der Sache, dass Euphemismen vor allem bei der Beschreibung von eher ungünstig anmutenden Situationen eingesetzt werden. Neben dem versehentlichen

Besuch eines Einkaufszentrums, in dem gerade Justin Bieber eine Autogrammstunde gibt, ist Armut eine der ungünstigsten Situationen, in die man überhaupt geraten kann. Das Besondere an Armut ist, dass man gleichzeitig unverschuldet und hochverschuldet arm sein kann. Deshalb muss man diesem Zustand jede noch so kleine positive Nuance abgewinnen. Am Armsein ist jedoch nichts positiv – außer, dass man vor ärgerlichen Fehlkäufen geschützt ist und als Zwangsminimalist auch vor charakterverderbendem Konsum. Eigentlich ist man vor fast jedem Konsum geschützt, aber Schutz ist Schutz, und Schutz bedeutet Sicherheit, und Sicherheit muss immer gut sein, und deshalb heißt arm inzwischen konsumgeschützt und ist also gar nicht mehr so schlimm. Hurra!

ZEITRÄUMIG

Verspätung, Unpünktlichkeit – in einem Land der Disziplin und Präzision gilt es bereits als bösartig, sich der Uhr nicht auf die Minute sklavisch zu unterwerfen. Das Wörtchen pünktlich lässt vermittels seiner Herkunft durchschimmern, worauf es ankommt: auf einen genauen Zeitpunkt. Ein Punkt, ohne Ausdehnung, nur ein winziger Moment im Strom des Geschehens. Viel besser, menschlicher und nebenbei auch im Einklang mit Einsteins Relativitätstheorie ist es, die Zeit als räumliches Element zu begreifen. In der Folge spricht man nicht von pünktlich oder unpünktlich, sondern von zeiträumig. Verabredungen «pünktlich um vier!» hören sich wie preußisches Militärgebell an, ein Treffen «zeiträumig

gegen sechs», da fühlt sich das empfindsame Wesen Mensch gleich viel eingeladener. Der Druck der zeitlichen Genauigkeit entfällt zugunsten einer neuen Entspannung, die Abschaffung der unerbittlichen Pünktlichkeitsmaschinerie – zweifellos ein gesellschaftliches Großprojekt. Manche arbeiten jetzt schon intensiv daran.

EIGENSTEUER

Steuerhinterziehung ist ein böses Wort und dazu noch verboten. Wer aber den Gedanken der Eigensteuer verfolgt, zweigt vom versteuerten Einkommen einen Teil ab, der ebenfalls dem Gemeinwohl zugutekommen soll, nur eben nach eigenem Gusto. Prominente, die in Zukunft der Steuerhinterziehung verdächtigt werden, sollten nicht jeden Verdacht brüsk von sich weisen, sondern das Gespräch mit der Öffentlichkeit suchen und vom Konzept der Eigensteuer berichten. Dazu lässt sich recht einfach politische Unzufriedenheit mit der Ausgabenpolitik der Regierung konstruieren, vermischt mit ein wenig Charity-Getöse und populistischen Argumentationslinien gegen Rüstung, Atomkraft oder das Allerschlimmste: unterirdische Bahnhöfe. Und schon ist man ein Volksheld, weil man jahrelang die Eigensteuer abgezweigt hat. Für eine bessere Welt! Strafbar bleibt Steuerhinterziehung natürlich auch, wenn man ihr einen anderen Namen gibt, aber man bekommt viel freundlichere Briefe in den Knast geschickt.

VERMEIDUNGS-ENERGETISCH

Wenn man Energie aufwendet, um weniger Energie aufwenden zu müssen, handelt man vermeidungsenergetisch. Klassische vermeidungsenergetische Handlungen des Alltags sind die Absage, das Ausweichen, das Fernbleiben und das Ignorieren. Der Klassiker unter den vermeidungsenergetischen Aktionen ist das völlige Vergessen. Protipp: «Nächtlich vermeidungsenergetisch gehandelt» hört sich bedeutend besser an als «verschlafen».

HALBOFFENE BEZIEHUNG

Die klassische offene Beziehung ist zwar eine Einstellungsmöglichkeit auf Facebook, trotzdem gibt es in der jüngeren Geschichte nur zwei überlieferte Fälle von → Päärchen, die eine ehrliche, harmonische, gleichberechtigt offene Beziehung ohne grässliche Probleme geführt haben. Ungleich häufiger kommt die halboffene Beziehung vor. Dabei entscheidet ein Partner allein für sich, sein Sexualleben zu öffnen, ohne es dem anderen mitzuteilen. Dieses Lebenskonzept war früher unter dem Namen «jemanden nach Strich und Faden betrügen» bekannt, aber das 21. Jahrhundert ist nicht der Ort, an dem antike Lebensentwürfe und ihre voreingenommenen Namen vorherrschen sollten. Ein Sonderfall entsteht, wenn beide Partner ohne gegenseitiges Wissen eine halboffene Beziehung führen. Hierbei ist halboffen plus halboffen nicht ganzoffen. Im Gegenteil: die doppelte Halboffenheit hebt sich auf, und man führt eine andere Art von Beziehung, nämlich eine vollidiotische.

NEUE EUPHEMISMEN

AUFFORDERUNG ZUM -REDEN

Neue Worte erfrischen und beleben die Sprache und sind deshalb stets zu begrüßen. Die Worterfindung kann aber nicht nur durch Fachleute erfolgen. Auch Lachleuchte müssen mithelfen. Neue Worte entstehen durch neue Situationen, Gefühle, Vorgänge in dem Moment, wo sie von irgendjemandem erlebt werden und sich jeder bekannten Bezeichnung entziehen.

Klar, dass neue Begriffe für Situationen beim Bergsteigen zumindest jemanden erfordern, der überhaupt bergsteigt oder sich für Bergsteigen interessiert oder es wenigstens einigermaßen oft googelt. Die Voraussetzung einer gewissen Expertise gilt für alle Bereiche – außer für den Bereich Halbwissen, über den jeder mitreden kann, auch die, die davon kaum Ahnung haben. Daher liegt es nahe, die gesamte sprachmächtige Bevölkerung dazu aufzurufen, neue Worte zu erfinden und zu benutzen. Das soll hiermit geschehen: Erfindet Worte! Und verwendet sie, denn Sprache ist wie Geld, die schiere Existenz ist sinnlos, auf die Benutzung und Zirkulation kommt es an. Aber anders als Geld kann jeder neue Worte selbst herstellen und damit alle bereichern, die sie benutzen.

Um ins Worterfinden zu finden, gibt es einen simplen, aber schlichten und dennoch einfachen Trick. Man nehme sich ein zusammengesetztes Wort und wandle einen Teil davon ab.

Zu Beginn sei ein gut abgehangenes Wort wie «etwas schönreden» empfohlen. Für genaue Beobachter erschließt sich an dieser Stelle bereits die Mechanik des Begriffs schönreden: der erste Teil ist das Zielgebiet, in das das beschriebene Objekt hineinmanövriert werden soll, etwa ein hässliches Haus. Der zweite Teil entspricht der Weise, auf die dieses Manövrieren geschehen soll. Theoretisch könnte man ein unschönes Gebäude schönfotografieren, schönrenovieren, schönrechnen, schönsaufen, es scheint der Sprache nicht an Verschönerungstechniken zu mangeln. Aber hier soll es das Reden sein, das hässliche Haus wird schöngeredet.

Leicht bemerken Interessierte, dass es vom -reden schon einige Abwandlungen gibt: kleinreden und großreden zum Beispiel. Aber warum ist die Sprache unnötig begrenzt auf diese wenigen Zielgebiete des -redens? Mit dem Wortwunder Sprache lässt sich alles in jede denkbare Richtung manövrieren. Der gleiche Mond aus Milliarden Tonnen kaltem Fels ließe sich ebenso als liebgewordenes Licht bezeichnen wie als Käsekugel oder als fahler Zeuge eines nächtlichen Mordes. Und also soll es neben schönreden, kleinreden und großreden auch alle anderen Varianten geben:

klugreden,
dummreden,
sanftreden,
falschreden,
blaureden,
liebreden,
feinreden,
totreden (gibt es aber schon auf eine Art),
schnellreden (gibt es auch schon, aber auf eine andere Art),

reichreden,
armreden,
stumpfreden,
hartreden,
weichreden,
faulreden
– und das sind erst die Verben.

Das sprachliche Zielgebiet, in das man das Objekt wie das fragliche Haus hineinreden möchte, könnte ja auch ein Substantiv sein. Das Häuschen möchte man zur Villa erklären, villareden wäre das entsprechende Wort. Ein Haus villareden – sprachlich durchaus kantig, aber man ahnt, was gemeint ist, und viele Worte haben klein angefangen. Ganze Wortarten dürften sich kurz nach ihrer Erfindung seltsam bis völlig beknackt angehört haben. Als irgendjemand in der Antike beschloss, die Interjektion als Wortart zu betrachten, und seinen Beschluss Dritten mitteilte, war sicher nicht nur die Verwunderung groß, sondern auch die Häme: «Bäh» und «Pfff» sollen eine eigene Wortart begründen? «Hääää, was soll das denn?»

Insofern können sich Einzelpersonen eigentlich gar nicht das Recht herausnehmen, neue Worte abzutun. Es bleibt dem Einzelnen nur, neue Worte zu erfinden und abzuwarten, ob sie funktionieren oder nicht.

NOTDUFT
Den Gestank der verrichteten Notdurft kann und will man nicht immer auch so nennen. Für diese Fälle kann man das Wort Notduft verwenden, das sich ziviler anhört, dem kundigen Ohr aber ebenso in der Nase brennt.

SITUATIV-STRATEGIE
Wie häufig gerät man in Situationen, in denen man mit einer durchdachten Strategie eine wesentlich bessere Figur hätte machen können. Aber eine Strategie erfordert zeitintensive Vorbereitung und ist oft anstrengend in der Entwicklung, für viele Leute zwei Ausschlusskriterien. Genau für sie gibt es die Situativstrategie. Dabei gesteht man sich ein, dass die Situation zu komplex ist, um für alle Eventualitäten vorbereitet zu sein. Zudem macht der Zufall als weltbeherrschendes Element jede Strategie zu einer Frage der Wahrscheinlichkeiten. Bis auf die Situativstrategie, die immer funktioniert. Sie besteht aus der Haltung, mit allem zu rechnen und erst dann gezielt zu reagieren, wenn irgendetwas passiert. Kenner der Materie erklären die Situativstrategie volksnah: Abwarten und auf sich zukommen lassen (optional: Teetrinken).

NEUE EUPHEMISMEN

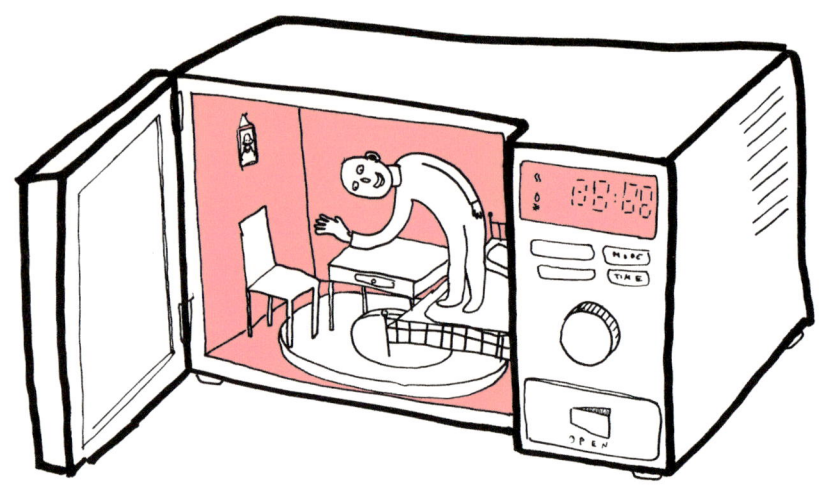

WOHN-EUPHEMISMEN

Neben der Jobsuche findet besonders im Umfeld des Wohnens und der Wohnungssuche der Euphemismus seine eifrige Anwendung bei allen beteiligten Parteien. Zu vielen Gelegenheiten ist es zum Beispiel sinnvoll, winzige Wohnräume nicht winzig zu nennen. Das gilt nicht nur für Makler, die Hohepriester des Euphemismus, sondern auch für Personen, die ihre Wohnung an Dritte losschlagen möchten, um nicht renovieren zu müssen. Aber auch für Leute, die einfach vor sich hin wohnen und sich selbst belügen wollen, um mit der Kleinstbutze

nicht unzufrieden zu sein. Die räumlichen Einschränkungen sind der Bereich, wo – neben grauenvollen Gegenden – Wohneuphemismen am häufigsten zum Einsatz kommen. Um bei der Anpreisung und Verschleierung von Micro-Wohnraum nicht ständig die gleichen Begriffe zur Schönwörterei zu benutzen, folgen hier neue Worte dafür.

flächenpräzise
ausdehnungsbescheiden
heizoptimiert
feinflächig
vergleichsgroß (im Vergleich mit einem Zelt)
raumdicht
wohnkompakt

NEUE EUPHEMISMEN

zartzimmrig
grazilgeschnitten
baufiligran
sparchitektonisch
japangroß
mietminimal
schmalläufig
unterräumlich
pressbewohnbar
wandnah
mauereffizient

Aber auch andere Begriffe rund um Immobilien, Wohnen und das nichtdraußige Dasein können zur Verschönerung benutzt werden. Wenn schon nicht baulich, dann doch verbal:

trotz großer Fenster stockdunkel:
luftdurchflutet
die niedrigste, gerade noch legal vermietbare Wohnung:
höhenintim
so laut, dass zusätzlicher Lärm auch schon egal ist:
schallunempfindlich
in bunten Farben verpilzt und verschimmelt:
frohwändig
wegen sinnlos vieler Wände enge, kammerartige Zimmerchen:
tapetenfreundlich
geschnitten wie von bösartigen, betrunkenen M.C.-Escher-Fans:
grundrissinnovativ

INTELLIGENZ-POTENZIAL

Eine heimtückische Beschimpfung für dämliche Leute ist, ihnen hohes, dauerhaftes Intelligenzpotenzial zu bescheinigen. Denn Potenzial ist per Definition nicht ausgeschöpft, und durch das vorangestellte dauer-

haft wird auch deutlich, dass die Ausschöpfung niemals stattfinden wird. Schon in naher Zukunft könnte das Wort Intelligenzpotenzial Eingang in die Sphäre der professionellen Euphemismenverwendung finden, in den Sprachschatz der arbeitszeugnisausstellenden Personalchefs: «Er war stets bemüht, sein hohes Intelligenzpotenzial auszuschöpfen.»

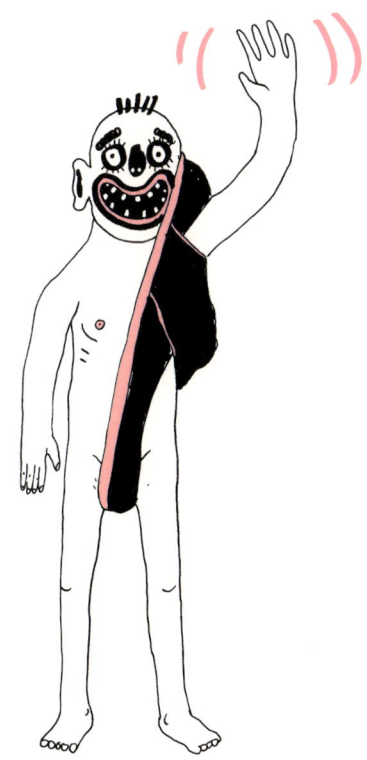

100 NEUE WORTE FÜR SCHNEE

Z

u den unausrottbarsten Legenden gehört die Behauptung, Eskimos hätten 100 Worte für Schnee. Tatsächlich gibt es in der Sprache der Inuit nur vier Worte für Schnee, die unterschiedliche Wurzeln haben: aput bedeutet «Schnee am Boden», gannerpoq heißt «Schneefall», perserpoq «Schneetreiben» und qimuqsuq ist die «Schneeverwehung». Um die vorhandene Vielfältigkeit des Schnees beschreiben zu können, werden wie auch im Deutschen Vor- und Nachsilben, zusammengesetzte Worte und Wortabwandlungen benutzt – Neuschnee, Schneewehe, Schneematsch, Schneeregen. Trotzdem gelangte durch eine Reihe von Missverständnissen und Fehlinterpretationen der komplizierten Eskimosprache die Sage der 100 Schneeworte bis in die New York Times, die 1988 «Eskimos haben 100 Worte für Schnee» titelte.

Die Neue Zürcher Zeitung hat 2004 nachrecherchiert und herausgefunden, wie diese urbane Legende zustande gekommen ist. Im Jahr 1940 schrieb ein Sprachforscher namens Benjamin L. Whorf einen Artikel, in dem er die Behauptung aufstellte, dass im Grönländischen Schnee nicht gleich Schnee sei, sondern eben je nach Zustand, Ort und Art jeweils unterschiedliche Begriffe benutzt würden. Auf diese eine Aussage Whorfs stützen sich die vielen hundert nachfolgenden Artikel. Die Schneelegende hört sich gleichzeitig so überraschend und so naheliegend an, dass man den Wunsch in sich spürt, es möge doch bitte wahr sein.

Dabei hatte der mit einem hochinteressant aussehenden Nachnamen gesegnete Whorf bloß den deutschamerikanischen Anthropologen Franz Boas völlig falsch verstanden. Dieser hatte sich etwa dreißig Jahre zuvor, 1911, ausführlich mit dem Schnee der Eskimos beschäftigt und war zu dem Schluss gekommen, dass es im Eskimonischen, wie die Eskimosprache eigentlich heißen sollte, vier verschiedene Worte für Schnee gibt. Aber offenbar formulierte er es missverstehbar.

Vom Talkshow-Satiriker Steven Colbert stammt das Wort «Truthiness», in etwa «gefühlte Wahrheit»: wenn sich etwas so wahr anfühlt wie einhundert Eskimoworte für Schnee, dann kann es eigentlich nicht falsch sein. Zumindest im Deutschen aber soll es in Zukunft wahr sein: Es folgen 100 brandneue Worte für Schnee. Beziehungsweise handelt es sich eigentlich nur um 37 Worte für Schnee, aber wenn sogar die Eskimos eigentlich nur vier verschiedene haben, dann fühlen sich auf Deutsch 37 an wie 100.

EINSEIFE
WASSERDAUNEN
FROSTREGEN
FLOCKENSCHAUER
EISESSPÄNE
KÄLTEFALL
WINTERSTURZ
FLOCKENROCKEN
NIEDERSCHWEB
WEISSFALL
HIMMELSPUDER
FLUGEIS
FESTREGEN
NANOHAGEL
SPRÜHWINTER
SCHWEBKÜHLE
FRIERPULVER
KRISTALLGESTÖBER
SCHNEGEN
UNTAU
WOLKENLAWINE
EISKONFETTI
FLOCKWEHE
POLKOKS
LUFTRAUREIF
FRIERNEBEL
GLETSCHERSTAUB
FROSTZUCKER
WIMMELHIMMEL
SCHMELZFLUG

NORDTROPFEN
FEBRUTSCH
STAPFE
WINTERWURF
GEWEISS
LUFTEIS
HARSCHFALL

129

35 NEUE FACETTEN FÜR DIE WEITLÄUFIGE BEGRIFFSWELT DER MENSCHLICHEN DUMMHEIT

D

er beschreibende Charakter der Sprache ist oft gesättigt mit bewertenden Elementen. Diese wertenden Elemente haben die Funktion eines öffentlichen Hinweises. Bei negativ gefärbter Bewertung wird so eine Warnung in die normal fließende Kommunikation eingebettet. Weil man vor Flachsinn niemals zu viel und ausreichend facettiert warnen kann, kann es gar nicht genügend Worte geben, die Dummheit ausdrücken. Denn demutlose Dummheit und ihr → Geschwist Hass sind die ewigen Feinde. Es folgen 35 neue Worte für dumm.

VERSTÄNDNIS-
REDUZIERT
BOHL
FLACHSICHTIG
KEINFÄLTIG
NULLFÄLTIG
HIRNFÄLLIG
DIMPF
KOPFSCHWACH
HARTGEISTIG
WEICHGEISTIG
BOFF
DUHM
UNTERKOPFT
FEHLVERSTÄNDIG
UNTELLIGENT
SCHMALSINNIG
PRESSKÖPFIG
VERWITZT
SMARG
DENKABSTINENT
ZERDACHT
UNTERLEKTUELL
DIOTISCH
FETTKÖPFIG
ANTILLIGENT
UNDENK
BENARRT
FUHLIG
ZILLIG
GOOFIG

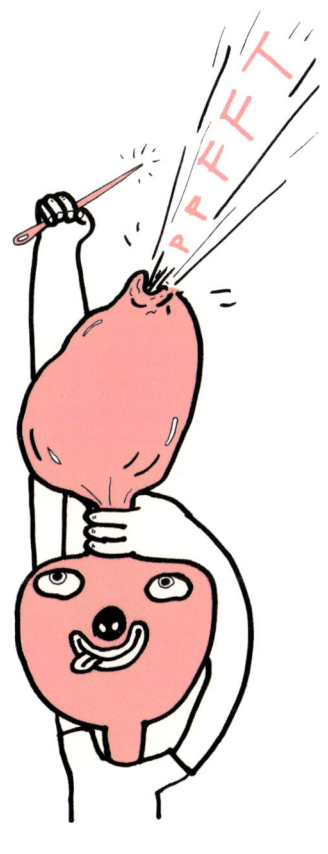

BORNIL
DIMM
TORIG
IDIÖS
SPARGEISTIG

MASSEINHEITEN FÜR GEFÜHLE

J

ede noch so absonderliche physika-
lische Maßeinheit wird heute bereits
Grundschülern beigebracht. Fünft-
klässler sagen aus dem Gedächtnis
die amtlichen Definitionen von Milli-
curie und Elektronenvolt auf und
wissen, wo das Pariser Urmeter liegt,
aus welchem Bimetall es genau
besteht und dass es in den letzten 100
Jahren um soundso viel leichter und
kürzer geworden ist. Maßeinheiten
für Gefühle gibt es dagegen nicht,
obwohl sie die Menschheit ungleich
intensiver beschäftigen.

Dafür gibt es handfeste Gründe.
Gefühle kann man nämlich gar nicht
messen, jedenfalls nicht einheitlich.
Zwar handelt es sich letztlich auch
nur um biochemische Reaktionen im
Körper, aber ob das eine Gefühl doppelt so stark ist wie das andere oder
eine Person halb so viel fühlt wie die
andere, das lässt sich bisher nicht auf
einer Skala ablesen. Aber es kann
aus subjektiver Sicht beschrieben werden. Und warum sollte man eben für
diese persönliche Einteilung nicht
auch willkürliche Maßeinheiten verwenden?

JEDER KENNT DIE FRAGE
NACH EINEM KINOBESUCH,
WIE GUT DER FILM WAR,
AUF EINER SKALA VON EINS
BIS ZEHN. NIEMAND IST
DARÜBER VERWUNDERT,
KEINER SAGT, DASS MAN
DAS NICHT MESSEN KÖNNE.
ODER JEDENFALLS NUR
WENIGE. ABER AUF WAS FÜR
EINER SKALA VON EINS
BIS ZEHN? OFFENSICHTLICH
IST ES DIE FILMGÜTE. NUR
WIE HEISST DIE
MASSEINHEIT? GANZ
EINFACH, SIE HEISST
KINOGRAMM. UND DIE FÜR
GEFÜHLE HEISSEN SO:

MILLIEBE

Eine Einheit Milliebe entsteht für jeden Sekundenblick in die Augen eines Menschen, in den man heimlich verliebt ist. Heimlich hier wie international üblich definiert als «alle bemerken es, aber keiner redet darüber».

GRAD VERFAHRENHEIT

°VF gibt an, wie stark eine Situation bereits in Richtung Unrettbarkeit abgerutscht ist. Bei einem Grad Verfahrenheit liegt ein durchschnittliches Missverständnis zwischen Nachbarn vor. Der Nahostkonflikt misst tausend Grad Verfahrenheit. Kurzzeitig können bis zu anderthalb Millionen Grad Verfahrenheit entstehen, wenn Eltern darum wetteifern, wer das begabtere Kind hat (→ mamangeben, papangeben).

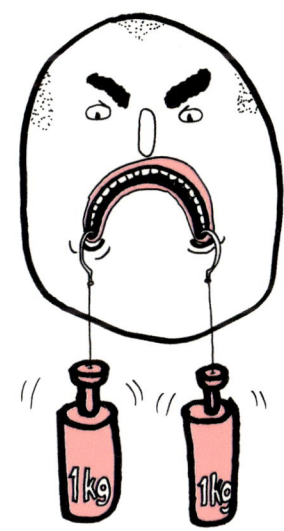

BRUTTOREGISTER-WONNE

Die Bruttoregisterwonne als standardisierte Maßeinheit für Freude entspricht eintausend Mal dem Drücken der Snoozetaste an einem Montag. In Bruttoregisterwonnen wird auch das nationale Jahresfreudaufkommen gemessen (für 2009 Deutschland 2,47; Island 45.933).

OHMMACHT

Ein Ohmmacht entspricht einem Meter Entfernung zum eine Sekunde zuvor abgefahrenen Zug. Aufgrund der Unschärferelation (die Beobachtung verändert das Ergebnis) steigt dieser Wert exponentiell an, wenn man dabei vom hämisch grinsenden Bahnsteigbeamten beobachtet wird.

KILOGRAM

Traurigkeit hat eine Einheit – und sie wiegt schwer: ein Kilogram zieht einen normalgelaunten Menschen für einen Tag auf Meeresspiegelniveau herunter.

DEBIZEL

Die Maßeinheit der Debilität, Debizel, gibt an, wie debil eine Handlung oder Entscheidung präzise war. Einhundert Debizel entsprechen der Debilität, nachts betrunken bei Glatteis mit geschlossenen Augen zu zweit auf einem gestohlenen Fahrrad ohne Bremsen gegen die Fahrtrichtung auf einer vielfrequentierten Einbahnstraße bergab freihändig zu fahren oder bei Deutschland sucht den Superstar mitzumachen.

133

Die Maßeinheit der Angst. Ein Angström entspricht der Angst, die eine Spinne einen Meter entfernt vom Gesicht eines durchschnittlich arachnophoben Menschen auslöst.

MASSEINHEITEN FÜR GEFÜHLE

ZepS

In **Ze**ter **p**ro **S**ekunde drückt sich die Meckerfrequenz aus, der Durchsatz an beschwerender, mürrischer oder pöbelnder Kreischkommunikation.

QUALORIE

Eine Qualorie entspricht der freigesetzten Verkrampfungsenergie mit einer zuschnappenden Metallklammer an durchschnittlich empfindlicher Stelle.

REIZBAR

Reizbar ist die Maßeinheit für die Reaktionsintensität auf eine negative Ansprache. Ab 1,25 Reizbar wird die gemeinsame Arbeit im Büro zur ernsthaften Belastung. In ungünstigen Personenkonstellationen reicht ein Druck von zwei bis zweieinhalb Reizbar bereits aus, um ein Lächeln als Angriff zu interpretieren. Ab vier Reizbar können die Augen aus den Höhlen gepresst werden, wenn ein Handy im ungünstigen Moment klingelt. Bei Werten um neun Reizbar werden Menschen von hungrigen Raubtiergruppen mit weniger als neun Löwen oder zwanzig Hyänen weiträumig gemieden. Der höchste je gemessene Reizbar-Wert lag bei 266 und wurde von einem Bielefelder Teenager erreicht, dessen Euromünze sich im Snackautomaten der Schule verklemmt hatte, ohne einen Schokoriegel auszuspucken.

EKELVIN

Ein Ekelvin ist definiert als ein Hundertstel des Ekels, den man empfindet, wenn man in Gedanken vertieft die hinterste Toilettenkabine im Untergeschoss des Marburger Hauptbahnhofs am Sonntagabend um 23.00 Uhr nach einem dreiwöchigen Streik der Putzkräfte betritt. Das Ur-Ekelvin, das den Standard dieser Maßeinheit begründete, liegt in einem Glaskubus im Keller des Berliner Bahnhofs Zoo und ist in den 80er Jahren von Christiane F. aus geronnenem Eiter und dem Erbrochenen Drogensüchtiger geformt worden.

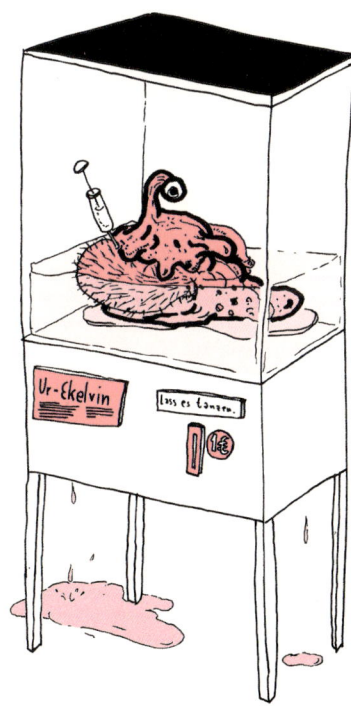

UNGEVOLT

Maßeinheit für Nichtgewolltes.

POLITIK & SOZIALES

A

m 16. Dezember 1995 sitzen die Finanzminister der EU bei einem Treffen des Europäischen Rats zusammen. Auf der Agenda steht die endgültige Namensfindung der neuen gemeinsamen Währung Europas, die – niemand spricht es aus, aber alle wissen es – dafür sorgen soll, dass zwischen den europäischen Staaten nie wieder Krieg ausbrechen kann.

Der Name für die Währung ist essenziell, weil er mitentscheidet, ob die Bevölkerungen der verschiedenen Länder Vertrauen in das neue Geld entwickeln. Der Arbeitstitel ECU, eine Abkürzung für European Currency Unit, ist unter den Politikern akzeptiert, aber nicht beliebt: zu sperrig, zu künstlich. Die leicht französische Anmutung des ECU sorgt außerhalb des französischen Lagers zusätzlich nicht für Freude. Außerdem war der Plan, einen bereits in Europa vorhandenen oder zumindest bekannten Namen auszuwählen, um so auf einen Vertrauensvorschuss der Öffentlichkeit hoffen zu können.

Gulden, Taler, auch Mark sind im Gespräch, finden aber keine Mehrheiten, der Aussprache wegen und weil sich einzelne Länder benachteiligt fühlen. Besonders Großbritannien sperrt sich gegen Begriffe, die in englischen Ohren – nicht ganz zu Unrecht – deutsch anmuten. Nach vielen Stunden der Diskussion liegt der Franken vorn, der in den wichtigen Sprachen der EU über eigene, bekannte Übersetzungen verfügt, etwa Franc auf Englisch und Französisch. Kurz bevor der Franken zur endgültigen Abstimmung gestellt wird, meldet der spanische Vertreter Zweifel an.

Denn die spanische Übersetzung des Franken lautet Franco – der Name des Diktators, der bis 1975 in Spanien ein faschistisches Regime führte. Mit dem dunklen Namensschatten eines Massenmörders will man die neue Währung nicht belasten.

Nachdem auch der Favorit abgeschossen wird, ist die Runde ernüchtert. Da bringt der deutsche Finanzminister Theo Waigel einen neuen Vorschlag ein: Euro, die ersten vier Buchstaben von Europa. Jean-Claude Juncker, gleichzeitig Finanzminister und Regierungschef von Luxemburg, ist skeptisch:

«EURO KLINGT NICHT BESONDERS EROTISCH.» IN DIE STILLE HINEIN KONTERT WAIGEL: «EROTISCH NICHT, ABER EUROTISCH.»

Lachen, Erleichterung, der Vorschlag wird von allen akzeptiert.
Aus dieser Episode kann man lernen, dass neue Worte zusammen mit Wortspielen mittlerer Qualität die Welt verändern können. Ganz ähnlich soll auch das folgende Kapitel funktionieren, eindeutig das größenwahnsinnigste des gesamten Buches.

SCHLANGST
Die Angst vor, um und in Deutschland.

BUNTERSCHICHT
Für viele, oft sehr unangenehme Leute ist Political Correctness ein Schimpfwort, weil es ihnen 70 Jahre nach Hitler zu anstrengend geworden ist, ihren Rassismus zu verbergen. Diese Personen sprechen von «Unterschicht» und meinen damit in erster Linie «Ausländer», und mit «Ausländer» meinen sie «Nichtweiße», weil ihnen der Pass egal ist, wenn das Gesicht nicht stimmt. Diesem Zusammenhang kann durch eine Umbenennung Einhalt geboten werden: Man nennt die Unterschicht fortan Bunterschicht. Denn es gehört zu den Grundregeln der Gesellschaft, dass die Eliten Elitenähnlichkeit mit Elitenzugehörigkeit belohnen. Deshalb wird eine Gesellschaft umso homogener, je höher man in den sozialen Schichten wandert. Im Umkehrschluss aber umso unterschiedlicher und bunter, je weiter man auf der wirtschaftlichen Leiter hinabsteigt. Das ist auf kurzsichtige Weise toll, und zwar für diejenigen, die elitenähnlich sind, also alte, deutsche Männer. Für alle anderen ist es so mittel. Eigentlich ist es sogar für alle doof, Monokultur wirkt langfristig immer ungünstig.

VERVERSPRECHEN

Irgendetwas zu versprechen, anzukündigen oder zu fordern, daraus besteht Politik. Fordern ist die Sache der Opposition, Ankündigen das Ding der Regierung. Vor Wahlen legen beide Seiten aber mehr Wert auf das Versprechen. Das ist bekannt, ebenso, wie ein Allgemeinplatz ist, dass die Steuern nicht unbedingt gesenkt werden, nur weil der Gewinner einer Wahl es vorher versprochen hat. Natürlich lügen nicht alle Politiker im Wahlkampf. Aber es scheint normal, vor der Wahl die Augen so fest zuzumachen, dass die offensichtlichen Sachzwänge kurzzeitig kaum zu sehen sind, die die Nichteinlösung des Versprechens hinterher erklären. In genau diesem Fall ist das Versprechen eigentlich gebrochen, und der jeweilige Politiker hat sich verversprochen. Aus Versehen, natürlich.

BRÄSIDIAL

Politische Persönlichkeiten mit dem spritzigen Charisma und dem einnehmenden Charme des Exbundesbräsidenten Horst Köhler bezeichnet man als bräsidial. Ein verbreiteter Trugschluss der durchsuperstarisierten Gesellschaft ist, das Bräsidiale als negative Eigenschaft anzusehen, denn recht offensichtlich möchte der Durchschnittsdeutsche von jemandem regiert werden, der noch durchschnittlicher und damit noch weniger emotional begeisterungsfähig ist als er selbst. Bräsidialität, also entschlossen vorgetragene Langweiligkeit, gilt in Deutschland als Zeichen höchster Kompetenz.

GLASNOSTALGIE

Die spezielle Form der Nostalgie westdeutscher Konservativer und ihrer Medien für die späten 80er Jahre, in denen sie völlig zu Recht die Ära ihres letzten großen Sieges sehen. Zur Pflege der Glasnostalgie wird Michail Gorbatschow jährlich in irgendeiner Kirche irgendein Preis verliehen, während davor Siebzigjährige «Gorbi, Gorbi!» rufen.

HANDLUNGS-UMSCHWUNG

Opportunismus hat in der politischen Landschaft einen eigenen Namen, Populismus, und bereits das sollte nachdenklich stimmen. Populismus besteht aus drei Phasen, wie in der bayerischen Horst-Seehofer-Akademie für Politpopulismus den Nachwuchskräften eingebläuweißt wird. Die erste Phase besteht aus der boulevardmedialen Meinungsbildung. Sie hat wenig bis nichts mit der Meinung des Volkes zu tun, aber viel mit der Meinung, die verschiedene Einzelinteressenten beim Volk gern sehen würden. Die zweite Phase ist der bekannte Meinungsumschwung, bei dem in Idealfällen das exakte Gegenteil der zuvor lautstark vertretenen Haltung geäußert wird. Innerhalb der Meinungsumschwungsphase entstehen häufig Erklärungen für die Änderung der eigenen Position, die nur noch quantentheoretisch erklärt werden können, also mit der Dualität eines Meinungsphotons, das gleichzeitig Welle und Teilchen sein kann. Das entspricht einer Meinung, die gleichzeitig dafür und dagegen ist, und das mit derselben Begründung. Der Meinungsumschwung wird als politischer Pragmatismus getarnt, und man muss befürchten, dass es sich dabei nicht um eine Ausrede handelt, sondern um eine ehrliche Überzeugung. Die dritte, bisher nicht mit einem Namen belegte Phase ist der Handlungsumschwung. Der Handlungsumschwung fällt nur in seltenen Fällen so stark aus, wie der öffentliche Meinungsumschwung den ungeübten Betrachter annehmen lässt. Nur, weil sich eine politische Meinung ins Gegenteil verkehrt hat, muss daraus noch lange keine entsprechende Handlung resultieren.

SOZIALDEMOKRATISATION

Ohne dass dahinter ein von teuren Think Tanks entworfenes Politkonzept steht, hat sich die deutsche Politlandschaft in eine Ansammlung von fünf sozialdemokratischen Parteien verwandelt. Die politische Verortung erfolgt in erster Linie ästhetisch durch die Farbe des Logos auf dem Parteiprogramm und nicht durch den Inhalt. In jeder Grundschulklasse gibt es eine größere Variation politischer Meinungen als unter den Parteien. Dieser Prozess der Sozialdemokratisation ist der wahre Grund für die Schwäche der SPD im ersten Jahrzehnt des dritten Jahrtausends. Denn in einem rein sozialdemokratischen Produktspektrum entscheidet sich der moderne Mensch gern für eine geschmacklich individualisierte Variante. Etwas Umweltwürze, eine Prise Wirtschaftsbürgerlichkeit, ein Hauch Wertkonservatismus oder eine Spur

Sozialnostalgie runden die schmunterschiedlichen Wahlangebote ab. Sehr gut lässt sich die Sozialdemokratisation der Parteienlandschaft beim Etatismus erkennen, also bei der früher zentralen Frage, ob und wo der Staat eingreifen sollte. Inzwischen herrscht Konsens, dass der Staat überall und immer eingreifen soll, es geht nur noch um die Intensität des Eingriffs. Das ist, als würde die Fachkraft am Dönerstand fragen «Scharfe Soße oder viel scharfe Soße?».

BESPENDUNG

Wenn ein Großhotelier Millionen an verschiedene Parteien spendet und zufällig danach eine Steuersenkung für Hoteliers durchgesetzt wird, dann ist es selbstredend absurd, unverschämt und eine anmaßende Unterstellung ohne Vergleich in der bundesrepublikanischen Geschichte, von Bestechung zu reden. Oder auch nur laut über dieses Wort nachzudenken. Denn es handelt sich um Bespendung, eine viel subtilere Art

der politischen Beeinflussung. Der Unterschied zwischen Bestechung und Bespendung ist wie der zwischen Heroin und Alkohol. Beides beeinflusst die Wahrnehmung, macht abhängig und ist schädlich für die Gesundheit des Volkes, aber nur eins davon ist verboten, weil das andere gleichzeitig ordentlich Geld bringt.

VERTE

Während Werte die Basis der Gesellschaft bilden, ist Verte eine Kurzform für Verbalwerte, also nur mündlich behauptete Werte ohne jede Konsequenz für die eigenen Handlungen. Vergleiche auch ➜ konversativ. Ein klassisch konversativer Vert ist die Forderung nach Anstand und Moral bei gleichzeitiger Steuerhinterziehung und Beschäftigung einer schwarzarbeitenden sowie erbärmlich bezahlten Putzkraft.

UMFRAGLICH

Ob eine Lösung für einen politischen Streitpunkt gefunden wird, ist oft nicht fraglich, sondern umfraglich. Das bedeutet, dass die Beilegung der Streitigkeit weniger von den Positionen der Verhandlungspartner abhängt als von den Umfrageergebnissen zum Thema. Deshalb dauern solche scheinbar inhaltlichen Konfrontationen oft genau so lange, bis beide Seiten ihre Meinungsforscher befragen konnten. Daran schließt die Formulierung an, irgendetwas in Umfrage zu stellen. Das bedeutet, sich jedem dahergelaufenen Meinungsforschungsergebnis widerstandslos zu beugen, ohne auch nur die Illusion eines Rückgrats aufrechterhalten zu wollen. Wenn im herrschenden medial-politischen Komplex irgendeine Position umfraglich ist, folgt daraus auch, dass sie letztlich egal ist und man sich deshalb preisgünstig dem vermeintlichen Volkswillen beugen kann. Oder dem Zerrbild des Volkswillens auf der interessenverschmierten Leinwand des Boulevards.

SARRASSISMUS

Der Sarrassist glaubt, seine Abscheu vor Fremden hinter zurechtgelogenen Zahlen und wirren Interpretationen verbergen zu können. Der Unterschied zum Normalrassisten ist die Mutlosigkeit, seine erbärmliche Meinung nicht ohne pseudowissenschaftliche Begründung äußern zu wollen. Sarrassisten vereint der Hass auf die Welt, von der sie sich unverstanden fühlen, und bizarrerweise zeitgleich der Glaube, ebendiese Welt trotzdem besser erklären zu können als irgendjemand sonst.

FÜNF-PROZENT-WÜRDE

Populistische Politiker sind – der Name der Eigenschaft lässt es erahnen – an Mehrheiten interessiert. Das bedeutet im direkten Umkehrschluss, dass sie an Minderheiten weniger interessiert sind. Für Populisten gilt in diesem Zusammenhang die Fünf-Prozent-Würde. Das heißt, dass die jeder Gruppierung grundgesetzlich garantierte Würde ihre volle Schutzwirkung erst entfaltet, wenn ein Personenkreis mehr als fünf Prozent der Wählerschaft stellt. Vorher ist er diskriminier- und attackierbar.

KONVERSATIV

Konversativ zu sein bedeutet, nur in der Konversation konservativ zu sein. Weder die Handlungen noch die inneren Überzeugungen des Konversativen lassen sich konsequent dem Konservatismus zuordnen. Aber in der Kommunikation werden bürgerliche Werte bis zur Erstarrung des öffentlichen Lebens gepredigt. Analog dazu verhalten sich die → Verte, also nur verbal vorge-tragene Werte.

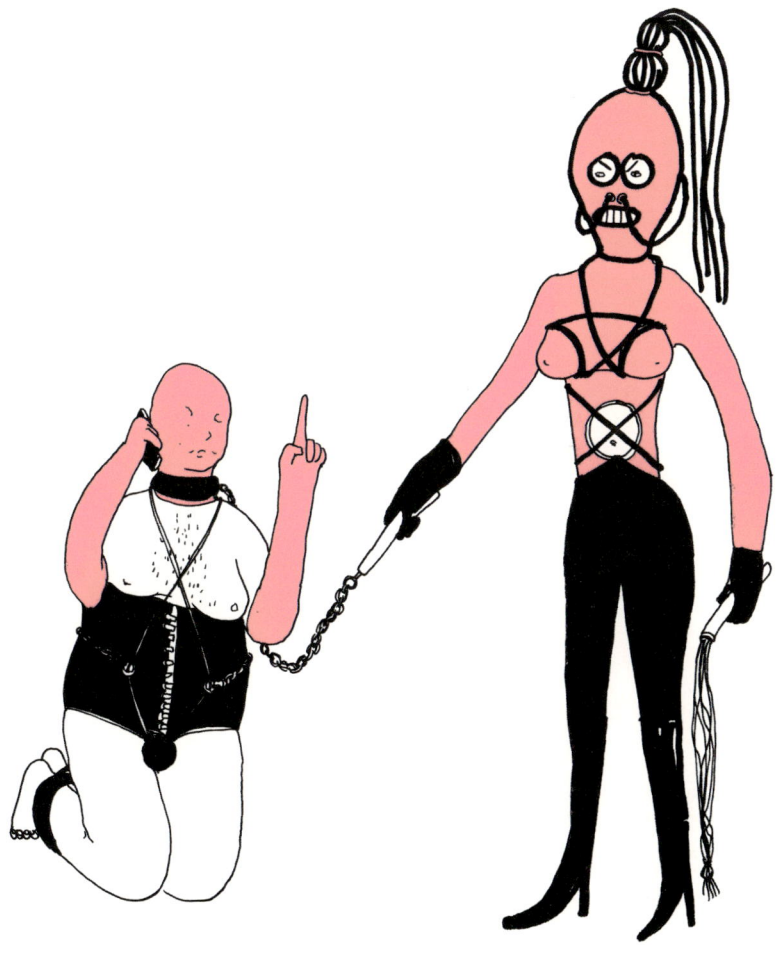

141

REGIERIG

Das Adjektiv regierig bedeutet nicht das, was manche zuerst denken mögen, nämlich «auf die Gier der Regierung bezogen». Zu den stumpfsten Hilfsmeinungen des Stammtischs gehört die Pauschalisierung «Die da oben machen sich die Taschen voll». Dabei sind die meisten Politiker in Wirklichkeit Überzeugungstäter im positiven Sinn, die die Gesellschaft nach ihren Vorstellungen verändern wollen. Was nicht heißt, dass sie nicht hin und wieder an der Realität vorbeioperieren. Die meisten Politiker außerhalb der Linkspartei eint jedoch die Müntefering'sche Überzeugung: «Opposition ist Mist», also eine gewisse Regiergeilheit: sie sind regierig.

PLAKATWAHL

Außer der Bundestagswahl und vereinzelten Landtagswahlen sind in Deutschland von der Kommunalwahl bis zur Europawahl alle Wahlen Plakatwahlen. Die Parteien selbst missverstehen die Aufgabe von Plakaten. Sie glauben, dort Botschaften mit der politischen Substanz eines, nun, Wahlplakates von sich geben zu müssen. Aber gegen Plakatparolen entwickelt jeder Glückskeks-Text Grundgesetzqualitäten. Der Großteil der Wähler wählt Kandidaten, die ihnen auf Wahlplakaten als sympathisch, kompetent oder wenigstens attraktiv erscheinen, ohne auch nur eine Zeile über die politischen Ziele gelesen zu haben. Das Mindest- und oft auch Maximalziel des Bundesbürgers ist, wenigstens kein Arschloch direkt zu wählen. Wie sich Plakatwahlen entwickeln, wenn eine internetfixierte Generation ins wahlfähige Alter kommt, die Drucksachen nur aus dem elterlichen Museumswohnzimmer kennt, ist bisher ungeklärt. Ein Wandel von der Plakatwahl hin zur Onlinebanner-Wahl ist unwahrscheinlich, weil sich über 90 % dieser Generation der Existenz von Onlinebannern gar nicht bewusst sind.

REAGIERUNG

Es ist gut, wenn eine Regierung überhaupt aktiv regiert. Im Unterschied dazu reagiert eine Reagierung nur auf sich aufdrängende politische Fragen. Eine Reagierung wird das Regieren als ständige Notwehr gegen die anstrengende Realität betrachten. Darüber hinaus sind Reagierungen überaus anfällig für Politpopulismus und mediale Kampagnen. Der Pessimist bezeichnet die Position einer Reagierung als «in die Ecke gedrängt», der Optimist freut sich, dass überhaupt etwas passiert. Der Realist gründet eine laut kreischende Lobbygruppe.

HERKUNFTEN

«Wo kommst du her?» ist nicht nur eine mehrdeutige Frage, weil die Antworten «Berlin», «vom Fleischer» oder «meine Familie aus der Türkei» alle gleichzeitig richtig sein können. Herkunften soll das eindeutig überforderte Wort herkommen entlasten und gibt aktiv die Herkunft an. Auf die Frage «Wo kunftest du her?» kann man zwar immer noch gleichzeitig antworten «Berlin» und «aus der Türkei». Aber immerhin nicht mehr «vom Fleischer».

«Opposition lehnt den Vorschlag der Regierung ab» ist einer der häufigsten Sätze in den politischen Nachrichten. «Opposition findet Vorschlag der Regierung vernünftig» hat null Google-Treffer. Politisch definiert sich eine Opposition über die Gegnerschaft zur Regierung. Das wird umso komplizierter, je weniger eine Regierung überhaupt macht, weil damit das Dagegenpotenzial schmilzt. Aber auch, wenn politischer Handlungsspielraum gar nicht vorhanden ist, ist die Gegnerschaft schwer aufrechtzuerhalten. Zwei plus zwei bleibt auch dann vier, wenn die Opposition ihren Mathematik-Beauftragten einen Fachausschuss zur Neuberechnung einer Lösung gründen lässt. Oppositis ist die Haltung einer Opposition, ein Haar in der Suppe zu finden, wenn keins drin ist. Auch dann, wenn gar keine Suppe serviert worden ist.

WAHNKAMPF

Ab und zu mit dem Wahlkampf verwechselt, entsteht der Wahnkampf immer dann, wenn eine politische Figur glaubt, mit wahnwitzigen Forderungen mediale Aufmerksamkeit erhaschen zu können – und diese in positive Zustimmung verwandeln zu können. Aber je eher der erste Teil dieses Plans gelingt, desto heftiger schlägt der zweite Teil des Plans fehl. Genau das ist das Kennzeichen des Wahnkampfs: die dramatische Fehleinschätzung politischer Randfiguren, mit Absurditäten die schwerfällige, aber immerhin nicht völlig bescheuerte Öffentlichkeit auf ihre Seite ziehen zu können. Es folgen die besten Forderungen des Wahnkampfs der Nullerjahre:

• **Rauchverbot in der Innenstadt**
(Marie Pörschig, Bündnis 90/Grüne, 2004)

• **Einführung der tariflichen 14-Stunden-Woche**
(Wolfgang Bunzhagen, SPD, 2000)

• **Einführung des tariflichen 14-Stunden-Tages**
(Max von Spitzig, FDP, 2002)

• **Verstaatlichung von H&M**
(Lucy Redler, Linkspartei, 2006)

• **Reduziertes Wahlrecht für sozial Schwache**
(Gottfried Ludewig, CDU, 2008)

• **Sendezeiten im Internet**
(Wolf-Dieter Ring, CSU, 2002, 2003, 2004, 2006 [2x], 2007, 2009)

GUTTENBORGEN

Sich Texte so ausleihen wie Bücher, also irgendwann einfach vergessen, dass es gar nicht die eigenen sind.

GELDEN

Kaum glaubhaft, aber wahr: das wichtigste Hauptwort der Neuzeit, Geld, hat kein anständiges Verb. Schon allein deshalb muss es gelden geben. Aber auch die Bedeutung des neuen Verbes muss dazuerfunden werden. Gelden bedeutet, irgendetwas mit Geld zu tun. Von «bezahlen» bis «zu Geld machen», von «kaufen» bis «Geld wechseln», von «einpreisen» bis «Geld fälschen» – gelden kann alles Geldige heißen. Das ist für ein derart universelles Mittel wie Geld auch mehr als angemessen. «Kannst du gelden?» ist naheliegenderweise die Frage nach der Bezahlung der Rechnung. «Hab's gegeldet» bedeutet, etwas gekauft zu haben. «Ich fühle mich untergeldet» ist die Klage der Unterbezahlung. Gelden, das weltbestimmende Verb des neuen Jahrtausends, endlich ist es da.

KOALISATION

In den meisten westlichen Demokratien werden Regierungen im Normalfall aus Koalitionen von mehreren Parteien gebildet, mit Ausnahme des Zwei-Parteien-Staats USA. Theoretisch sollte ein Interessenausgleich die politische Leistung einer Regierung verbessern und die breitere Mehrheit im Parlament die Durchsetzungsfähigkeit stärken. Praktisch scheint es oft genug, als würden sich in einer Koalition nicht die Stärken der Parteien ergänzen, sondern die Schwächen. Eine solide repräsentative Demokratie hält auch das noch aus. Wenn aber das Profil der Partei nicht mehr gegenüber der Opposition geschärft wird, sondern gegenüber dem Koalitionspartner – das CSU-FDP-Syndrom –, dann gerät die Koalition in Gefahr, unterirdische Leistungen zu bringen. Das klassische System mit einem Wirkbereich im Unterirdischen ist die Kanalisation. Unterirdische Koalitionen werden deshalb Koalisation genannt.

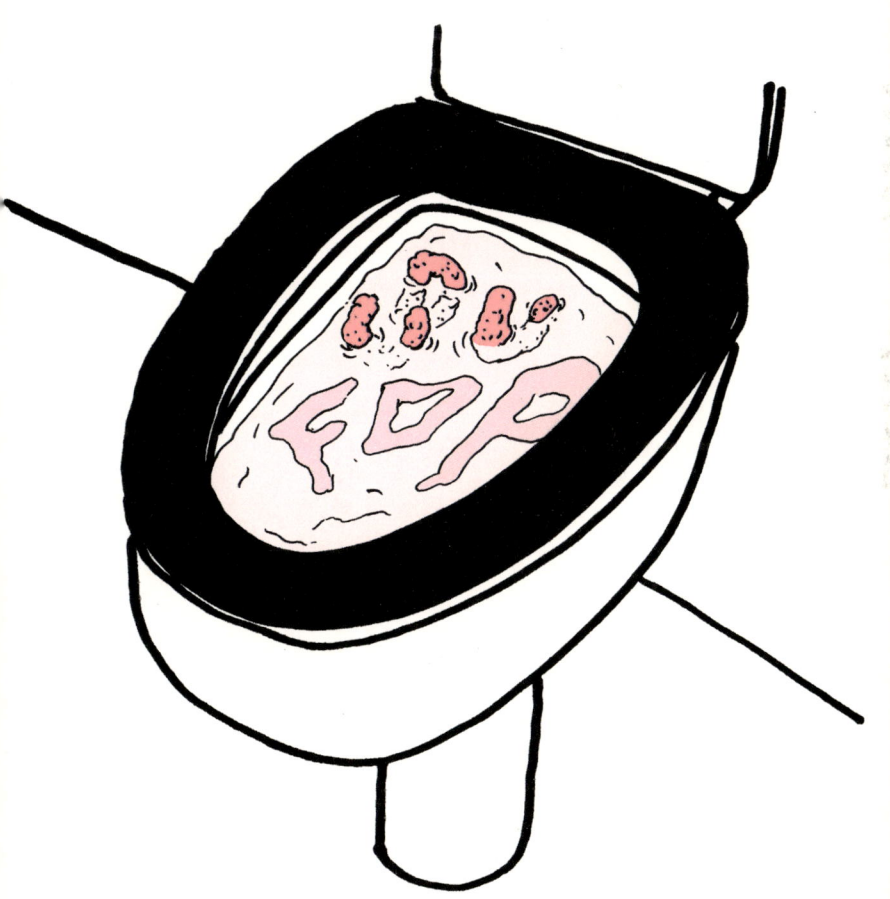

MEDIEN
&
MEDIEN

G

eorg Wilhelm Friedrich Hegel, Groß-
gelehrter und wichtigster deutscher
Philosoph, schrieb in seinem zusam-
mengestellten Werk «Vorlesungen
über die Philosophie der Geschichte»
im Kapitel «Die Assyrier, Babylonier,
Meder und Perser» in den zwanziger
Jahren des 19. Jahrhunderts in einem
völlig anderen Kontext:

«EKBATANA IN MEDIEN,
DAS SIEBEN MAUERN
GEHABT HABEN SOLL [..]»

Näher ist der bis heute größte deutschsprachige Denker nicht an die heutige
Medienlandschaft herangekommen.

Das ist philosophisch gesehen außerordentlich schade – wer hätte nicht
gern Hegels Überlegungen zu Facebook an sich oder «Das perfekte
Dinner» gelesen. Praktisch eröffnet
es aber die Möglichkeit, unbeschwert
von der Gravitation der Gedanken
Hegels selbst nach deutenden Erklärungen zu suchen.

Um Medien zu verstehen, muss man
zunächst wissen, dass man nicht weiß.
Den Medienmachern geht es genauso. Auf diesem recht dürftigen
Fundament müssen sie agieren und
trotzdem Wichtiges von Unwichtigem
scheiden. Das gelingt den meisten
so lala. Innerhalb der eigenen Medien-
macherwelt aber sieht es anders aus.
Denn dort ist wichtig, was in den
Medien ist. Und es gelangt nur das
hinein, was wichtig ist. Für Außenstehende ist das ein zweizügiger Zirkelschluss von recht schlichter Bauart.
Für viele Medienschaffende ist es ein
funktionierendes Gedankengebäude,
mit dessen Hilfe sich jeden Tag pu-
blizieren lässt. Die «sieben Mauern von
Medien» (Hegel, aus dem Gedächtnis
zitiert) zu durchdringen, um schließlich hineinzukommen, ist nicht einfach: Neues gelangt fast ausschließlich über die im Kapitel «Top Trends
und neue Buzzwords» beschriebenen
Mechanismen in die Medien. Also
auch neue Worte, die Medien in
ihrer Selbstreferenzialität erklären
und beschreiben sollen.

HOLLIG

Wenn ein Film offensichtlich holly-
woodig wirken möchte, es aber
einfach nicht dazu reicht, spricht
man von hollig. Hollige Filme hinken
konzeptionell, qualitativ sowie von
Ausstattung und Umsetzung ihren
Vorbildern hinterher. Sie erreichen
den Level, der fünfzehn Jahre zuvor
in Hollywood als Standard galt.
Wenn überhaupt.

ALTIGKEITEN

Der Siegeszug der Neuigkeiten, also
der unwichtigen Nachrichten, hat
die Medienwelt nachhaltig verändert. Mit dem Internet, das statt im
Tagestakt wie bei Zeitungen im
Sekundentakt frisches Material
braucht, ist eine Lücke entstanden
(siehe Kapitel Buzzwords). Sie resultiert daraus, dass einfach nicht
genug passiert, damit ausreichend
viele Neuigkeiten verbreitet werden
können. Deshalb wird inzwischen
vermehrt auf Altigkeiten zurück-
gegriffen, also auf alte Meldungen
im neuen Gewand oder alte Meldungen im gleichen Gewand, aber mit
neuem Datum neben der Überschrift.
Man setzt dabei auf das schlechte
Gedächtnis des Publikums, das in der
Regel zwei Monate nach einer
Atomkatastrophe bereits kaum mehr

weiß, in welchem Land diese stattge-
funden hat. Oder ob es sich nicht
doch um einen Kinofilm mit Vin Diesel
gehandelt hatte.

TICKABEL, NEWSTICKEND

Tickabel sind Geschehnisse, die
auf Nachrichtenseiten im Netz der
wissbegierigen Weltöffentlichkeit
als Newsticker präsentiert werden
können. Ein Ereignis erreicht news-
tickende Größe, wenn sich der
deutsche Internetjournalismus nicht
mehr anders zu helfen weiß als mit
einem Newsticker. Die Tickabilität
ist dabei abhängig von der jeweiligen
Plattform. Es gibt durchaus Online-
medien, die den Sturz eines Sacks
Reis aus dem Hochparterre in Ticker-
form darstellen können. Und es
auch tun.

MEDIOT

(Doppelbedeutung)

**Bei deutscher Aussprache Bezeich-
nung für eine Person, die Teil der
Medienlandschaft ist. Bei englischer
Aussprache dagegen verwandelt
sich der Mediot in einen ichfixierten
Idioten und erreicht so eine 97%ige
Bedeutungskongruenz mit dem
Ursprungswort Idiot selbst.**

147

INTERESSANZ

Interessantheit ist ein zu verspanntes
Wort, um eine der wichtigsten
Eigenschaften im Zeitalter der digitalen Vernetzung zu beschreiben.
Aber Interessanz gehört zu interessant wie Relevanz zu relevant. Im
20. Jahrhundert war die Relevanz
das entscheidende Kriterium, damit
eine Information von den Medien
verbreitet wurde. Heute ist es in den
sozialen Medien die Interessanz.
Denn nur das wird weitergeleitet,
was interessant ist. Oder Katzenbilder
beinhaltet.

SCHOCK

Susi Singezahn:
ZELLULITE!

DETONANZ

Endlich ist die Mischung aus Detonation und Resonanz da, die jeder braucht, der mediale Reaktionen beschreiben will. Zwei Twitterbotschaften, ein Blogartikel und die Erwähnung auf einer Nachrichtenquelle, die auch von Google News durchsucht wird, gelten im Sprachgebrauch vieler ➔ Medioten bereits als «Hype», «Megatrend» oder «Topthema». In entsprechenden Berichten ist dann zu lesen, eine Nachricht habe «für Resonanz gesorgt». Medienresonanz aber bedeutet nichts mehr, wenn jeder Medien selbst machen kann, wie er möchte. Deshalb gibt es die Detonanz, die die explosive Verbreitung einer Nachricht bezeichnet und nicht nur die bloße Mitleidserwähnung auf dem Facebook-Account eines Mitarbeiters.

MIKROÖFFENTLICHKEIT

Die Mikroöffentlichkeit ist ein verwirrendes gesellschaftliches Medienphänomen, dessen Bedeutung mit dem Internet zugenommen hat. Mikroöffentlichkeit ist ein kleines Publikum abseits der großen Makroöffentlichkeit, vergleichbar mit dem Seitenarm eines Flusses. Oder mit einer Pfütze neben dem Meer. Mikroöffentlichkeiten haben für Teilnehmer die Eigenschaft, sich stets größer, mächtiger und relevanter anzufühlen, als sie sind. Für Außenstehende sind sie meistens noch nicht mal erkennbar vorhanden. Das Dilemma der Mikroöffentlichkeiten spiegelt sich in einem Satz: «Auf Facebook war heute die Hölle los.» Realistisch müsste der Satz lauten: «Von meinen 235 Facebook-Freunden haben heute vierzehn irgendwas gepostet – von den restlichen 800 Millionen Mitgliedern weiß ich nicht mal, ob sie noch leben.»

Die Mikroöffentlichkeit verführt dazu, Dinge und Vorgänge für selbstverständlich zu halten, die es maximal im eigenen, direkten Umfeld sind. Dadurch verwandelt sich die eigene Realität in eine Mikrorealität und löst sich immer weiter von der tatsächlichen Wirklichkeit ab. Irgendwann wundert man sich innerhalb der eigenen Mikroöffentlichkeit, weshalb niemand «dort draußen» über die wichtigsten Dinge Bescheid weiß. Dabei haben alle im Heimwerkerforum nur darüber gesprochen.

Es gibt einen Weg, den Begleitschäden der Mikroöffentlichkeiten zu entgehen: stets die Möglichkeit miteinzuberechnen, dass man selbst partiell bescheuert sein könnte und der Rest der jeweiligen Mikroöffentlichkeit auch.

JACKSONWENDE

Die Jacksonwende bezeichnet den medialen Meinungsstunt, der wenige Minuten nach dem Tod eines Prominenten jede Verfehlung ignorierbar macht, selbst wenn es sich um eventuellen Kindesmissbrauch handelt. Noch einen Tag vor seinem Tod wäre Michael Jackson von jedem moralisch gefestigten Journalisten, der dazu die Zeit gefunden hätte, verbal bespuckt worden. Unmittelbar nach seinem Ableben sollen BILD-Zeitung, RTL und Bunte beim Papst eine Sofortseligsprechung beantragt haben.

TALKOHOLISMUS

Die Talkshowsucht, die sowohl die Zuschauer betrifft als auch die Talkshow-Darsteller in einer Sendung. Schwerster bundesrepublikanischer Talkoholiker (in Klammern ihr Suchtthema) sind Heiner Geißler (Rente), Norbert Blüm (Rente) und Richard David Precht (alles andere).

BRUCK

Das Wort bruck ➜ herkunftet von Produzent Jerry Bruckheimer («Top Gun», «Pearl Harbor», «Fluch der Karibik») und beschreibt Filme und Serien, die alles an Pathos, Getöse und Überwältigungspotenzial aus einem Stoff herausholen. Das Adjektiv bruck eignet sich auch gut, um mit anderen beschreibenden Ausdrücken kombiniert zu werden: Filmarbeiten sind bruckteuer, Explosionen bruckheftig, Drehbücher bruckschmalzig.

WUNDSTAR-KRAMPF

Der wie eine Wunde eiternde, ewige Krampfkampf der dritt- bis siebtklassigen Medienfiguren, ein Star zu werden oder ein Star zu bleiben. Als Star definiert wird hier eine Person, die auf der Straße erkannt, halbwegs richtig eingeordnet und angesprochen wird, und zwar nicht aus Gründen des Mitleids. Der Wundstarkrampf ist eine psychoseähnliche Verzweiflungssituation, während der die betroffene Person in die tiefsten Abgründe menschlichen Handelns blickt und dann auch hineinspringt.

Dokumentiert wird dieser Vorgang von Medien, die sich auf das kontrastive Wohlgefühl des Publikums spezialisiert haben. «Wenn jemand öffentlich derart Erbärmliches tut, geht es mir im Kontrast eigentlich ganz hervorragend», so denkt sich der vereinsamte Zuschauer, gesundheitlich angeschlagen auf einem Schuldenberg vor dem Fernseher liegend. Je weniger der Wundstar-

verkrampfte von diesen Medien-
mechanismen versteht, desto besser
wirken sie. Die Symptome des
Wundstarkrampfs sind sehr unterschiedlich und reichen vom Insekten-
verzehr über öffentliche Schönheits-
operationen bis zu unbeholfenen
Tanz- und Gesangsversuchen. Zwischen Medienfiguren ist der Wundstarkrampf ansteckend: die Krankheit wird von einem Partner auf den
anderen übertragen und von RTL2.

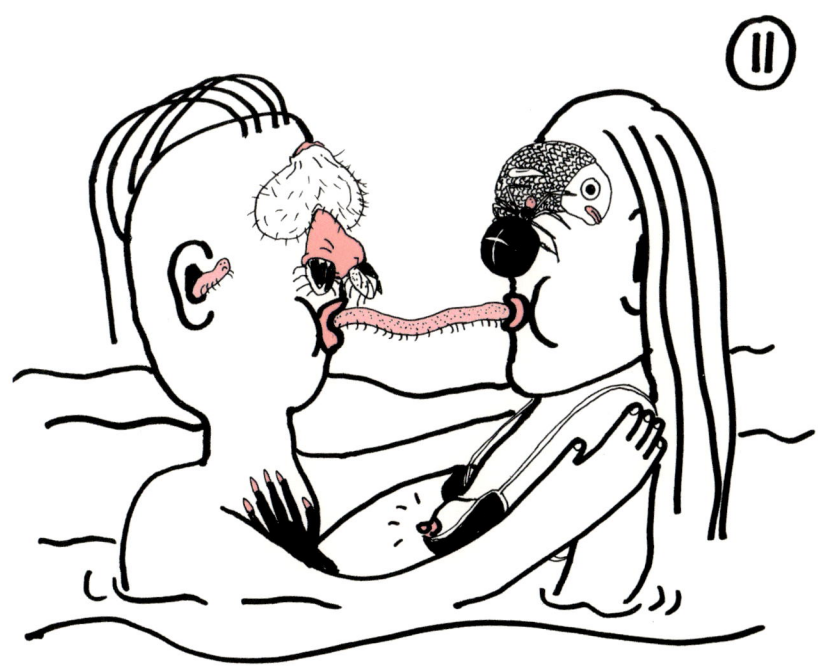

WORTE FÜR UNTERWEGS

Sprache von unterwegs ist die Sprache der Panzerung, der Verteidigung,
der Geschwindigkeit – die Sprache,
die uns vor der Umgebung schützt
oder die Umgebung verklärt, verein-
facht, interessanter macht.

In diesem Kapitel sind solche Worte
versammelt. Die beschwerliche Reise
als ewige Aufgabe des Helden, die
fordernde Fahrt als Prüfung der Reife,
das ziellose Umherschweifen als
Normalität. «Stillstand ist der Tod»,
sangen die Fantastischen Vier in
ihrem bewusst als Nichthit angelegten
Lied «Es wird Regen geben». Also ist
Bewegung Leben, und das gilt selbst
für den mitternächtlichen Streifzug
zur 24-Stunden-Tanke, um die Biervor-
räte aufzufüllen. In diesem Spannungs-
feld bewegen sich die neuen Worte
für unterwegs, die ihre Verwender
schützen, amüsieren oder – als Mini-
malziel – beschäftigen sollen.

U

nterwegs ist man jemand anders.
Dafür braucht man besondere Worte.
Diese Tatsache wird oft dadurch
verschleiert, dass man sogar eine ganz
andere Sprache verwenden muss.
Aber bereits in dem Moment, in dem
man die heimische Haustür schließt,
schaltet ein sehr alter Teil unseres
Gehirns auf «feindliche Umgebung».
Dieses Gefühl kann nur durch jahre-
langes Training oder Alkohol aus-
geblendet werden. Das bedeutet, die

FAHRRADEN

Fahrrad fahren ist umständlich und redundant. Radeln hört sich an wie eine Mischung aus Bayerisch und Oma. Biken nervt. Es fehlt ein entspanntes, einfaches, klares deutschsprachiges Wort für die Fortbewegung mit dem Fahrrad, bzw. jetzt eben nicht mehr.

KLINGELTOHNMACHT

Das Gefühl, an öffentlichen Orten wie Bahnhöfen oder Flughäfen plötzlich aufbrandenden Melodiefolgen ausgesetzt zu sein, die man längst vergessen haben wollte. Zum Beispiel bestimmten ABBA-Songs, die die ersten fünf- bis sechstausend Mal noch angenehm zu hören gewesen waren. Die Klingeltohnmacht steht im engen Zusammenhang zur → Klingelton-Korrelation. Ein Sonderfall der Klingeltohnmacht entsteht in menschengefüllten, handyfeindlichen Räumen wie Bibliotheken, Kirchen, Kinos, Parlamenten und Kreißsälen. In diesem Fall betrifft die Klingeltohnmacht das eigene Handy, das sehr lange und sehr laut klingelt, obwohl man ganz sicher war, es auf Vibration geschaltet zu haben.

FLÜGEN

Eines der wichtigsten Instrumente unterwegs ist die Reiselüge, flügen ist das passende Verb dazu. Als Unterkategorie der Notlüge schützt die Reiselüge vor Unbill aller Art. Haben Sie Ihre Koffer allein gepackt und die gesamte Zeit beaufsichtigt? Natürlich! Führen Sie zu Verzollendes mit sich? Aber keinesfalls! Sind wir bald da? Ja, sicher. Als Faustformel kann man sich merken: wer reist, der flügt.

AUSWEICHE, AUSHÄRTE

Beim Herumlaufen auf öffentlichen Wegen kommt es je nach Spaziergängerdichte früher oder später dazu, dass sich die Weglinien zweier Entgegenkommender in naher Zukunft kreuzen werden. Die eben noch rein motorische Situation, im sportlichen Einklang mit der umgebenden Natur, wird zur sozialen Konfrontation. Teils unterbewusst, teils absichtlich vergleichen die Spazierkontrahenten ihre jeweilige Ausweiche und Aushärte. Ausweiche ist dabei die grundsätzliche Bereitschaft, dem Entgegenspazanten auszuweichen. Aushärte ist der Willen, seinen Spazierweg ohne Rücksicht auf Verluste und Verlustwandelnde unverändert fortzusetzen. Bei jungen, halb- bis vollidiotischen Männern gerät das Fernrangeln um die größere Aushärte häufig zum Teleschwanzvergleich. Wohl dem erfahrenen Spaziergänger, der nur mit einer leichten Drehung des Kopfes solche Konfrontationen souverän weglächelt. Scheinbar die Blumen am Wegesrand bewundernd, spaziert er ungerührt weiter, bis das Gegenüber seine Ausweiche zeigt, um keinen uncoolen Spazierunfall zu verursachen.

ZUGS

Nicht ganz so rasant wie flugs, aber auch ganz schön schnell.

TORIST

Der Tourist bereist die Gegend seines Interesses mit aufmerksamer Hingabe zu Land und Leuten und erschließt sich Kultur wie Natur aus Freude an der Erbauung durch das Fremdartige – diese naiv romantische Definition ist einer der größten Reiseirrtümer. Wer dem aufsitzt, kennt Tourismus nur von Goetheschriften, dem Baedeker für Senioren und Arte-Themenabenden. Im echten Leben rotten sich lautstarke Kleingruppen ohne Kenntnis und Interesse in der Nähe lokaler Alkoholausgabestellen zusammen und empfinden die ausgesetzte Arbeitspflicht als Erholung. Entsprechend zu unterscheiden ist der Tourist vom Toristen, denn sein Name stammt nicht von der Tour, sondern vom Tor.

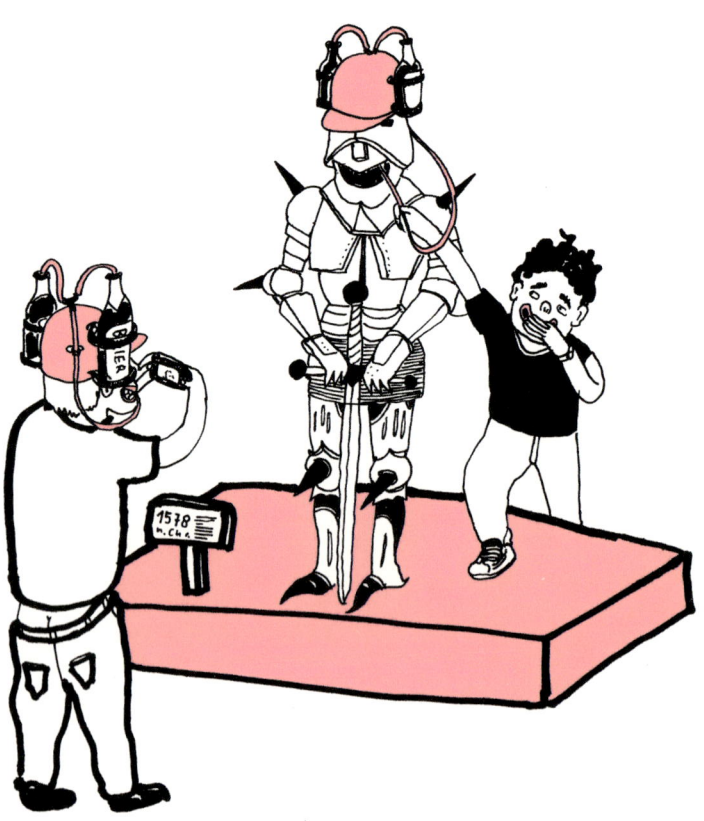

WORTE FÜR UNTERWEGS

BEIGNORIEREN

In öffentlichen Verkehrsmitteln werden eine Reihe zivilisatorischer Errungenschaften bis über die Schmerzgrenze hinaus strapaziert. Dazu gehört zum Beispiel die gesellschaftliche Vereinbarung in Mitteleuropa, dass sich einander unbekannte Personen in der Öffentlichkeit mit dem Gesicht nicht näher als 40 Zentimeter kommen sollten. Das entspricht der durchschnittlichen Reichweite eines milden Zwiebelatems. Füllen sich jedoch Bus oder Bahn, sind die Passagiere irgendwann gezwungen, den Stehnachbarn zu beignorieren: so zu tun, als bemerkte man die würdelose Pressnähe nicht. Besonders wichtig ist dabei, keinefalls in die Augen der Personen zu schauen, bei denen nur ein paar Lagen Textilien den Unterschied zu einem wilden Petting-Abenteuer ausmachen.

GEFÄHRIEN

Büroangestellte, deren Arbeitsalltag die Aufregung und die Emotionalität eines Diätsekt-Stehempfangs Schweizer U-Boot-Veteranen beinhaltet, neigen im Urlaub zu nervenaufreibenden Aktivitäten. Wildwasser-Rafting mit 400-Euro-Helmen und GPS-Schwimmwesten, Strandbuggyfahren mit verchromten Überrollbügeln, Heli-Skiing auf abgelegenen Gletschern aus Dinosaurierurin, die durch genau solche Flugbenzinorgien bald geschmolzen sein werden – wer Gefährien macht, gefährliche Ferien, bekommt den turbobourgeoisen Quickkick für den Augenblick und hat hinterher richtig was zum sharen auf Facebook. Wenn sich so der

Sensationshintern aus der Buchhaltung nicht rumkriegen lässt, wie dann?

FLANIERE

Das bis dato unentdeckte Organ, nach dem das Flanieren selbst benannt ist. Die Flaniere ist vermutlich ein Organ im Unterbauch, das der Griesgrämigkeit der Galle entgegengesetzt ist. Es produziert diejenige Leichtigkeit, die einen schwerfälligen Gang durch das Viertel zur Flaniersituation macht. Die Flaniere gibt das einzige gasförmige Hormon (Flanin) in den Körper ab, das durch seinen Auftrieb eine gewisse Unbeschwertheit bewirkt. In ungünstigen Fällen entweicht es als Flatulenz.

SPAZUR

Der Spaziergang ist harmloser als jede andere Tätigkeit. «Im Vergleich wird das ein Spaziergang», so die entsprechende Formulierung. Deshalb fehlt eindeutig ein Wort für den ernsthaften Spaziergang mit forschem Schritt durch forderndes, aber flaches Gelände. Dies ist die Spazur. Sie zeichnet sich nicht nur durch Ernsthaftigkeit aus, sondern auch durch das Nichtvorhandensein anderer Tätigkeiten. Außer Musikhören mit Kopfhörern und ab und zu einem Handyfoto für die Facebook-Friends. Eine Spazur erfordert die ganze Aufmerksamkeit des Spazanten *(männl.)* oder der Spazursel *(weibl.)*.

WIDERKEHR

Die Widerkehr ist die Entscheidung auf dem Treppenabsatz des Hausflurs, keinesfalls zurückzugehen, obwohl man das Wichtigste vergessen hat. Stattdessen überlegt man im Heruntergehen die kompliziertesten und zeitaufwendigsten Aktionen, um das Vergessene zu ersetzen oder auf andere Art zurechtzukommen. Es ist eine Frage der Widerkehre, nach Verlassen der Haustür niemals zurückzugehen, um keinen Preis, nicht mal im Fall eines vergessenen Feuerzeugs vor einer zweijährigen Polarexpedition, und wenn es den sicheren Tod bedeutet oder zumindest eine Viertelstunde Unannehmlichkeiten.

ÜBERWEGS

Wie der gewitzte Leser bereits ahnt, ist dies streng genommen kein Wort für unterwegs, weil es sich um das Gegenwort zu unterwegs handelt. Die Bedeutung von überwegs erschließt sich aus der Definition von unterwegs: auf dem Weg sein. Überwegs bedeutet also: nicht auf dem Weg sein. Es hört sich aber am Telefon wesentlich eleganter an, wenn man davon spricht, überwegs zu sein, als wenn man zugibt, einfach auf dem Sofa zu liegen, weil auf dem Sofa zu sitzen sich auf mittlere Sicht als zu anstrengend herausgestellt hat.

BAHNHÖFLICH

Im gegenseitigen Umgang der Menschen miteinander herrscht in den meisten Fällen Respekt und Höflichkeit. Mit Ausnahme von Bahnhöfen, wo dem Wunsch, in letzter Sekunde einen Zug zu erreichen, im Dauerlauf alle Umgangsformen geopfert werden. Bahnhöflich ist das Gegenteil von höflich, auch die unterirdischen Ereignisse rund um Stuttgart 21 bestätigen das. Die Flucht vor der Bahnhöflichkeit der ruppig Reisenden gelingt entweder in die Bahnhofs-Lounges, die nur von Bahnkartenträgern betreten werden dürfen, aber ein Hort der Freundlichkeit sind. Oder man entflieht dem Trubel in den Zug. Denn Bahnfahren ist eine Freude, die ständige Meckerei über die Deutsche Bahn ist eine dummdreiste Plage, und 99 % des Zugpersonals sind freundlicher als irgendjemand sonst in Deutschland, der im Dienstleistungsstahlbad der anspruchsvollen Öffentlichkeit steht.

FICKNICK

Das Ficknick ist exakt das, wonach es sich anhört. Der Vorteil ist, dass es schnell ausgesprochen oder genuschelt klingt wie «Picknick». Das ja dem Ficknick in der Tat häufiger vorausgeht. Wie beim Picknick ist das Wichtigste die Decke und ein Ort, an dem man ungeniert seinen Bedürfnissen nachgehen kann.

XENOFEEL

Zu Recht kommt dieses griechisch-englische Mischwort exotisch daher, denn es handelt sich um das Gefühl des Staunens angesichts der großartigen Andersartigkeit der Welt, die sich eben nicht anfühlt wie zu Hause. Durch das Xenofeel wird dem Fernreisenden bewusst, dass die Fremde auf andere Art anders ist, als man sich Andersartigkeit vorgestellt hat. Die weltoffenen Freunde der Diversität berauschen sich am Xenofeel und probieren neugierig die dazugereichte Schale Savannenhirse mit Yakbutter. Die weltgeschlossenen Feinde der Unterschiedlichkeit ärgern sich über ihr eigenes Unverständnis, fahren vorzeitig wegen des problematischen Kellners verbittert zurück an ihren beige gefliesten Couchtisch und reisen in Zukunft nur noch ins Sauerland (55+, Religion: Pendlerpauschale) oder nach Sylt (Privatversicherte).

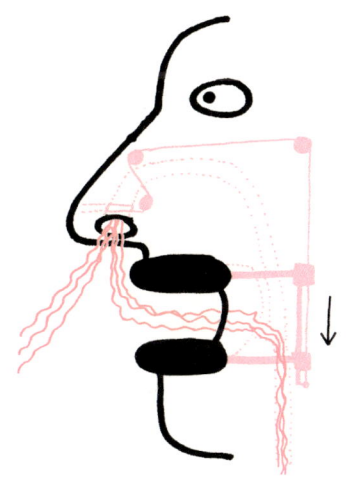

NATMEN

Eines der lästigsten Phänomene, die dem Unterwegsling begegnen können, ist unvorhergesehener Gestank. Eben noch strich Blütenduft die Nasenflügel entlang, jetzt schon dringt der Luftgeschmack von vergammeltem Unrat an den Riechnerv – aus dem Nichts. Oder vielmehr aus einer Latrine in der Umgebung. Das einfachste Gegenmittel ist, zu natmen – also nicht durch die Nase atmen. Mit Ventilklappen in der Schleimhaut, deren Existenz verborgen bleibt, bis ihre Notwendigkeit lebenswichtig wird, schließt sich der Atemweg durch die Nase. Es beginnt die Gaumenatmung. Die Freude über den gelungenen Atemstunt darf allerdings nicht zum Verweilen führen. Denn theoretisch lässt sich beliebig lange durch den Mund natmen. Aber praktisch beginnt sich die Zunge irgendwann für die aggressiven Geruchsmoleküle in der Luft zu interessieren und sie in Geschmacksteilchen zu verwandeln.

NATURGESETZE DES ALLTAGS

VON A BIS Z

N

aturgesetze sind eigentlich eine praktische Sache, denn sie geben ein wenig unverrückbaren Halt in der unbeständigen Welt. Eigentlich. Leider sind im Laufe der letzten Jahrhunderte die allermeisten Naturgesetze, die man sich früher zurechtgeforscht hatte, als falsch entlarvt worden oder waren Spezialfälle von anderen Naturgesetzen. Der älteste, rekonstruierbare Urahn der Naturgesetze dürfte Platons Ideenlehre sein. Eigentlich geht es dort um das Wesen der Dinge, das unveränderlich ist – anders als ihre Erscheinung. Ein Blitz bleibt ein Blitz, egal wie er aussieht und wo er gerade einschlägt, und diese Unveränderlichkeit sorgt dafür, dass wir ihn überhaupt erkennen.

Die neueren Naturgesetze kamen 2.000 Jahre später im 17. Jahrhundert wieder in Mode und wurden nach und nach fast alle in ihre Bestandteile zerlegt, bis fast nur noch die Gravitation, elektromagnetische Wechselwirkungen und die Hauptsätze der Thermodynamik übrig blieben. Gerade, als einem die Menschheit vermessen vorkommen konnte, weil die Gesetze der Natur auf ein paar DIN-A4-Seiten zu erklären waren, wurde die Quantenmechanik entdeckt, und die Physik veränderte sich grundlegend. In der winzigen Welt der Quanten – Quanten sind eine Art Energieteilchen, aber dann auch wieder nicht – gilt praktisch gar nichts von den Weltregeln, die man tagsüber so erlebt. Sie haben das bis dahin gefestigte Weltbild der nachvollziehbaren Naturgesetze ordentlich durchgerüttelt.

Man konnte das Wort Naturgesetz also nicht zu allen Zeiten auf die Goldwaage legen – und vielleicht auch heute nicht. Wenn man sich schon mal aus historischen Gründen an eine gewisse Laxheit der Naturgesetze gewöhnt hat, kann man auch gleich zu den Naturgesetzen des Alltags übergehen, die weniger auf physikalischen Erkenntnissen beruhen als auf Stereotypen, Pauschalisierungen, Vereinfachungen und Wortspielen.

DAS ANGEBER-AXIOM

Angeber geben immer an. Sie sind dabei sowohl Absender wie auch wichtigster Adressat ihrer Angabe, um sich selbst jederzeit von ihrer eigenen Hechtartigkeit zu überzeugen. Weil Angeben keine Aktivität, sondern eine Lebenshaltung ist, geben Angeber sogar dann an, wenn sie glauben, nicht anzugeben. Wenn es so scheint, als würde ein einsichtiger Angeber für einige Minuten auf das Angeben verzichten, so wird er kurze Zeit später damit angeben, kurz mal nicht angegeben zu haben. Eine Heilung von der Neigung zum Angeben ist nur durch eine Persönlichkeits-Transplantation möglich.

DIE FUN-FUNKTION

Je höher die Chance, dass eine Aktivität von Marketingabteilungen als «Fun» bezeichnet wird, desto geringer die Chance, dass normale Leute diese Aktivität wirklich als Spaß empfinden. Dabei ist das Verhältnis umgekehrt proportional. Fun ist ein Qualbad.

DIE MÖGEN/MÜSSEN-MINIMALITÄT

Die Überschneidung der Tätigkeiten, die man tun mag, mit denjenigen, die man tun muss, ist stets minimal. Dabei spielt keine Rolle, was genau man mag – sowie man es muss, mag man es nicht mehr. Doch selbst dazu kommt es nur selten. In den meisten Fällen bestätigt sich von Anfang an das entgegengesetzte Maufinden/Müssen-Maximum.

DIE UNTENRUM-UTOPIE

Die Untenrum-Utopie beschreibt die Tendenz von Männern, ihr eigenes Gemächt in seiner Größe und Wirkmächtigkeit stets zu überschätzen. Nach beiden Kriterien liegen in einer beliebig großen Gruppe sämtliche Männer nach eigener Einschätzung deutlich über dem Durchschnitt. Rein mathematisch kann das nur bedeuten, dass entweder die Hälfte der Männer lügt oder nur einer der Männer lügt und einen wirklich unfassbar kleinen und mickerigen Penis hat, der den Durchschnitt extrem senkt.

DAS GUMMI-GESETZ

Die Wahrscheinlichkeit, innerhalb eines angemessenen Zeitrahmens ein Kondom zu finden, sinkt mit der steigenden Dringlichkeit der Verwendung. Für betrunkenen Luftballon-Schabernack finden sich in jeder Tasche sofort zwei Präservative. Während jedoch der HIV-positive Traumpartner paarungsbereit vor einem liegt, sehen sämtliche Nachttischschubladen aus wie bei einem erzkatholischen Latexallergiker.

DIE IRRNIS-
INTRANSPARENZ

Aus der Innenperspektive lässt sich
während der Balzphase nicht mit
Sicherheit sagen, ob die Person des
Interesses nicht vielleicht völlig irre
ist. Die Chance der Bekloppten-
Erkennung erhöht sich aber, wenn

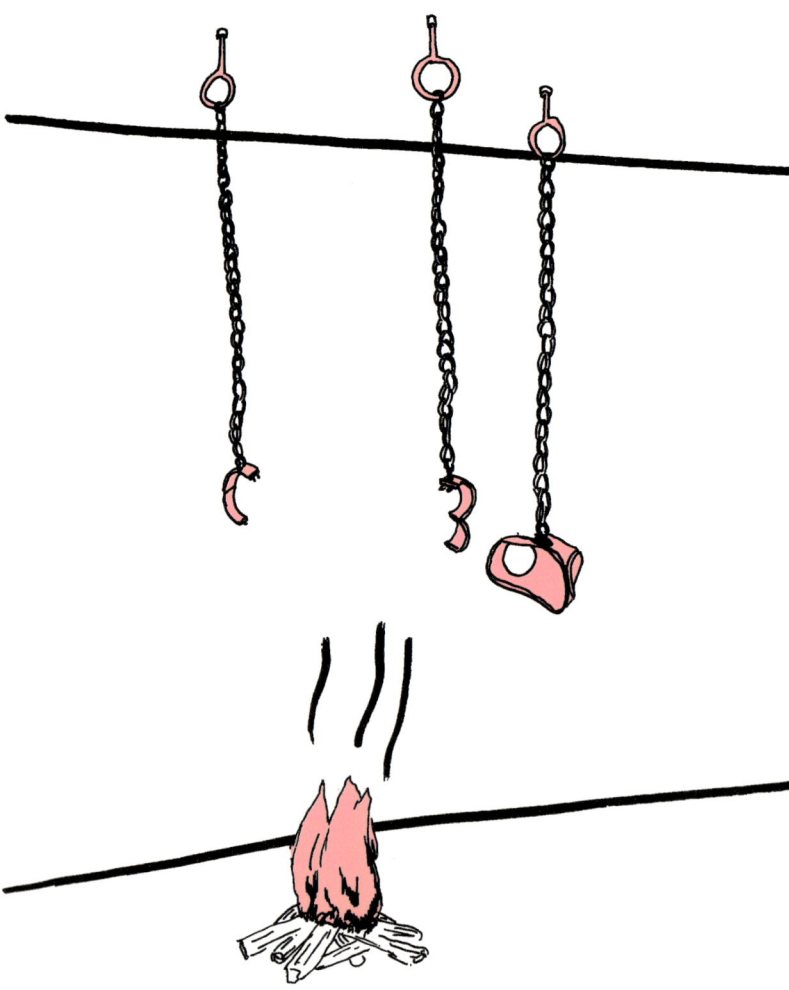

NATURGESETZE DES ALLTAGS

sich die oder der Irre im eigenen Wohnumfeld befindet. Deshalb empfiehlt es sich bei One-Night-Stands, in die fremde Wohnung mitzugehen. Für den Fall von aluminiumfoliebeklebten Schlafzimmerfenstern oder einem handgeschnitzten Jörg-Haider-Schrein lässt sich dann schnell Abschied nehmen. Die verwendete Ausrede sollte Irren plausibel erscheinen, etwa eine soeben eintretende, ungünstige Konstellation von Mond und Merkur oder eine allergische Reaktion auf die Energie-Aura der Wasserader unter der Wohnung.

X-SCHWEIGE-KONSTANTE

Kein Naturgesetz des Alltags, sondern – der Name gibt hier aufmerksamen Lesern bereits den entscheidenden Hinweis – eine Konstante ist die X-Schweigekonstante. Sie bezeichnet die Dauer, nach der einer Person gemeinsames Schweigen sichtlich unangenehm wird. Die Konstante ist bei jedem unterschiedlich, aber gleichbleibend. Sie kann niemals verändert, sondern höchstens überspielt werden, was aber von geschulten Fachkräften bemerkt wird. Wenig bekannt: Die X-Schweigekonstante entscheidet über den gesellschaftlichen Erfolg. Denn die mit Abstand beste Verhandlungstaktik in Gesprächen ist souveränes Schweigen. Das gilt für den Beruf ebenso wie für das Privatleben. Es gibt deshalb einen direkten Zusammenhang zwischen Schweigefähigkeit und sozialem Status.

Y-SOZIALKONSTANTE

Die Y-Sozialkonstante gibt den Wert an sozialem Getöse an, den eine Person unterbewusst stets zu erreichen versucht. Dieser Wert bleibt – immerhin handelt es sich hier auch um eine Konstante, die nicht ohne Grund so heißt – über lange Phasen des Lebens gleich. Die Y-Sozialkonstante ist die Ursache für das plötzliche Verschwinden einer Person aus ihrem Freundeskreis, wenn sie einen neuen beschäftigungsintensiven Lebenspartner hat. In solchen Fällen wird der Wert der Y-Sozialkonstante vollständig durch die neue Partnerschaft aufgebraucht. Bis zur Trennung kann und sollte die Person durch ihren (ehemaligen) Freundeskreis als verstorben betrachtet werden.

DIE BESCHEUERTEN-BESTÄNDIGKEIT

Die jährliche, direkte Konfrontation mit Bescheuerten bleibt bezüglich des Gesamtvolumens stets gleich (vgl. auch → Irritation). Die Variation besteht nur in der Verteilung von Häufigkeit und Heftigkeit. Wenn im zurückliegenden Kalenderjahr keine Begegnung mit Bescheuerten stattfand, sind am Silvester-Abend Sorgen absolut berechtigt: die Chancen, dass einem ein geistig fünfzehnjähriger Passant einen verbotenen, russischen Superböller unbemerkt in die Jacke steckt, liegen nur knapp unter 100 %. Die Sonderform der Büro-Bescheuerten-Beständigkeit sorgt dafür, dass jeder versetzte, entlassene oder pensionierte Bescheuerte ein Bescheuertheitsvakuum erzeugt, das umgehend gefüllt wird.

DIE RAN-REGEL

Die recht simple Ran-Regel bedeutet, dass bei vorgeschlechtlicher Kontaktanbahnung nur aktives Rangehen ein messbares Ergebnis erzielt. Alles andere ist von ausgewiesenen Experten und eingewiesenen Nichtexperten ausgiebig erforscht worden und muss als Zufall bezeichnet werden. Weder für Frauen noch für Männer existiert eine Ausnahme von der Ran-Regel, anderenfalls geschieht ihre Partnerwahl nicht aktiv, sondern passiv. Passive Partnerwahl entspricht einem Frosch, der mit offenem Maul wartet, bis eine Fliege hineinfliegt, und der sich dementsprechend auch nicht über den Geschmack beschweren kann.

DIE LAUNESTURZ-LINEARITÄT

In der Aufwärtsbewegung verhält sich Laune völlig erratisch und schlägt unberechenbare Kapriolen. Abfallende Laune dagegen verläuft ohne Chance auf Veränderung eisern linear nach unten, bis sie hart auf dem Gemütsfundament aufschlägt. Aus diesem Grund ist die Weltlauneentropie seit Anbeginn der Aufzeichnungen mit einem stark negativen Ausschlag versehen. Es gibt also wesentlich mehr schlechte Laune auf der Erde als gute. Als der Weltlaunerat 1981 zum Ausgleich dafür einen Zehn-Punkte-Plan zur Verbesserung der Weltlaune vorstellen wollte, herrschte so große Uneinigkeit über die Ursachen des negativen Laune-Gesamtsaldos, dass man nicht einmal das eigentlich unstrittige Verbot des Partnerlooks festlegte. 1993 löste sich der Weltlaunerat unmittelbar nach einem versehentlichen Grusical-Besuch des Vorsitzenden selbst auf.

DIE KLINGELTON-KORRELATION

Je unerträglicher ein Klingelton, desto höher die Wahrscheinlichkeit, dass er a) an einem öffentlichen Ort ertönt, b) die Lautstärke auf den höchstmöglichen Wert eingestellt ist und c) das Handy trotzdem minutenlang nicht auffindbar ist. Die Klingelton-Korrelation gilt auch und besonders bei eigenen, neuerworbenen Handys, mit deren Bedienung man noch nicht vertraut ist und dessen Klingelton noch im Laden von Pubertierenden heimlich auf einen Raggaeremix von «Für Elise» eingestellt wurde.

DIE TEAMWORK-THEORIE

Die Teamwork-Theorie besagt, dass Teamwork nur theoretisch existiert. Tatsächlich erledigen einzelne Personen die gesamte Arbeit. Im besten Fall stört der Rest des Teams bloß nicht weiter; im noch nicht einmal schlechtesten Fall behindern genau diejenigen Teammitglieder den Arbeitsfortschritt am meisten, die später sowohl das als auch das größte Verdienst für sich beanspruchen.

DER SINNLOSIGKEITS-SATZ

Je sinnloser man spontan ein beliebiges Produkt empfindet, umso größer die Chance, dass damit jemand reich wird. Die dem Sinnlosigkeits-Satz zugrundeliegende Mechanik ist simpel erklärt: Zu viel Sinn in Produkten stört den Kaufprozess. Mit dem großen Erfolg der iFart-Applikation für Furzgeräusche auf dem Handy dürfte dieser Zusammenhang eindrücklich dargestellt worden sein.

DAS ELTERN-ERRATUM

Kein Aspekt elterlicher Qualitäten kann mit der Entwicklung des gemeinsamen Kindes logisch verknüpft werden. Zwei Nobelpreisträger können ebenso ein schmerzhaft dämliches, unverschämtes Balg in die Welt setzen wie ein drogensüchtiges Sonderschul-Pärchen. Umgekehrt ist die Wahrscheinlichkeit, die künftige Präsidentin von Europa zusammenzuvögeln, für zwei Volksmusikfans genauso hoch wie für ein Paar Selfmade-Milliardäre. Nur Campingurlauber bekommen ausschließlich bescheuerte Kinder, deren trauriger Weg zum Campingurlauber genetisch vorbestimmt scheint. Das Eltern-Erratum setzt nicht die Vererbung außer Kraft. Aber schon, wie viel vom vererbten Potenzial auch ausgeschöpft wird.

DAS JAMMER-JUNKTIM

Verbunden mit jedem Jammern ist der Versuch, die angejammerte Person mit einer Teilschuld zu belasten. Das jämmerlichste Jammer-Junktim jemals fand im März 2007 statt. Ein Braunschweiger Architekt warf seinem Lebenspartner in nöligem Ton vor, dass sein Atemgeräusch eine passiv-aggressive Aufforderung zum Jammern darstelle, die ihm keine Wahl lasse, als zu jammern.

DIE HUP-HIERARCHIE

In einer Ansammlung von Autofahrern, die gezwungen sind anzuhalten, errechnet sich die Hup-Reihenfolge stets als Produkt der gefühlten Eile und des Grades der Vollidiotie. Als einziger externer Faktor kommt die Lärmempfindlichkeit der Umgebung dazu, denn in den Ohren des Hupenden lohnt sich das Hupen nur, wenn es zu einer deutlich spürbaren Lärm- und Stresssteigerung führt. Deshalb hupen nachts zu Weihnachten vor einem Kinderkrankenhaus selbst mittlere Idioten ausgiebig. Während Sprengarbeiten im Gotthard-Tunnel zu Silvester aber wird selbst dem größten Superhirni kein einziger Huplaut entweichen.

DER ZORNZU-ZUGS-ZUSTAND

Päärchen können jederzeit in einen scheinbar harmlosen Zustand geraten, der zwingend dazu führt, dass sich der eine Partner den Zorn des anderen zuzieht. Die Zornforschung konnte belegen, dass es sich dabei um einen trichterförmigen Zustand handelt: völlig egal, was die beiden tun – Zorn zieht zu. Erste Vermutungen gehen in Richtung der von Terry Pratchett aufgebrachten Partikel-Theorie (vgl. Scheibenwelt-Romane). Danach fliegen Partikel durch das Universum, die Reaktionen wie Erleuchtung, Spontanverwirrung oder eben Zorn auslösen, wenn sie auf eine Person treffen. Andere Vermutungen lauten, dass diese Vermutung ausgedachter Unsinn ist.

DAS DRAMA-QUEEN-DILEMMA

Beim Umgang mit männlichen und weiblichen Dramaqueens steigert sowohl die Hinwendung zur als auch die Abwendung von der Person das Ausmaß der Dramatisierung. Zusätzlich vergrößert sich völlig unabhängig von der Reaktion mit jedem Dramaanfall die Dramatiefe. Eine Dramaqueen ist ein Schwarzes Loch der Aufmerksamkeit, ein eingerissener Fingernagel im Zentrum wiegt schwerer als eine Amputation aller Gliedmaßen im Nebenzimmer.

DIE NARREN-NICHT-VERTEILUNG

In einer sozialen Situation, in der Grüppchen gebildet werden sollen, sind die Narren nie verteilt, sondern finden sich stets zusammen. Das liegt daran, dass blöde Leute von nichtblöden Leuten schnell erkannt und gemieden werden – Blöde erkennen sich jedoch nicht gegenseitig als blöd.

POSTPRIMÄRKOITALES PEINLICHKEITSPRINZIP

Das Postprimärkoitale Prinzip besagt, dass sämtliche Partner nach dem ersten gemeinsamen Geschlechtsverkehr eine gewisse Peinlichkeit empfinden. Den weniger erfahrenen Teilnehmern bleiben diese Momente – die früher mit einer Zigarette danach notdürftig überraucht wurden – oft sehr unangenehm in Erinnerung. Erfahrenere Koitanten jedoch wissen:

die Minuten nach dem ersten Sex sind immer peinlich. Aber je weniger peinlich sie beide empfinden, desto größer ist die Chance, den oder die Lebenspartner gefunden zu haben.

DAS ORDNUNGS-OPTIMUM

Unordnung belastet ab einem gewissen Grad sogar diejenigen, die so tun, als könnten sie nur im Chaos existieren – wenn sich auch dieser Grad von Person zu Person unterscheidet. Das Ordnungs-Optimum ist ein wohnungsbezogener Wert. Er beschreibt den Zustand, der maximales Wohlfühlen mit minimalem Aufräum-Aufwand ermöglicht. Die verwendete Energie, um einen erträglichen Aufräum-Zustand zu erreichen, muss gemäß dem Ordnungs-Optimum so investiert werden, dass sie sich durch das verbesserte Wohngefühl bis zum nächsten Aufräumen regeneriert hat. In schwierigen Fällen hilft eine gezielte Sprengung.

DIE VERBINDLICHKEITS-VERMUTUNG

Bei angeblich unverbindlichen Affären vermutet stets der Partner, der weniger will, dass der andere Partner mehr will. Der Partner, der mehr will, vermutet dagegen, dass der andere auch mehr will. Vor diesem Hintergrund ist bis heute beziehungswissenschaftlich nicht zu erklären, wieso es überhaupt Pärchen gibt. Einige Experten halten die sogenannten ABC-Gründe für eine mögliche Erklärung: Angst, Bequemlichkeit, Charakterlosigkeit.

NATURGESETZE DES ALLTAGS

DIE WIRKLICHKEITS-WELTFORMEL

Die Weltwirklichkeit besteht aus der Mischung einer objektiven, messbaren Realität und dem bizarren Konstrukt, das die umgebenden Leute für die Wahrheit halten. Die eigene Meinung spielt dabei keine Rolle, denn der Welt ist völlig egal, was man so glaubt. Das Mischungsverhältnis zwischen objektiver Realität und Deutung der aktuellen Bezugsgruppe entsteht je nach Situation. Dieser Zusammenhang kann im Selbstversuch überprüft werden. Das Tragen eines FC-Bayern-Trikots im Münchener Fußballstadion führt zu unterschiedlichen Wahrnehmungen der Wirklichkeit – je nachdem, ob es sich bei der umgebenden Bezugsgruppe um Fans des FC oder des ebenfalls dort spielenden Vereins 1860 München handelt. Die gleiche faktische Ausgangslage, in der Wahrnehmung der Wirklichkeit aber geradezu schmerzhaft unterschiedlich.

DIE CHAUVINISMUS-CONTRADICTION

Eine chauvinistische Person, die an die Überlegenheit der eigenen Gruppe gegenüber allen anderen glaubt, wird die angebliche Überlegenheit stets objektiv und rational begründen wollen, aber ausschließlich subjektive, emotionale Argumente hervorbringen. Je mehr sich ein Chauvi in die Ecke gedrängt fühlt, umso moralgesättigter wird er argumentieren. Am Ende bleibt nur noch der Zirkelschluss übrig: Wir sind besser, weil ich glaube, dass wir besser sind. Übersetzt bedeutet das: Ich möchte so gern zu den Besseren gehören.

BUNDESLANDEN

D

ie meisten Bundesländer hören sich
ohnehin bereits an wie Verben: etwas
sachsen lassen, sich bremen, jemanden hessen oder völlig am Thema vorbayern. Um das Funpotenzial der
landesspezifischen Vorurteile nicht
ungenutzt vorbeiziehen zu lassen,
werden hier die Bundesländer in neue
Worte verwandelt.

BERLINEN

Wer berlint, schwärmt seinen Freunden von der Kreativkarriere vor, die er seit längerer Zeit plant – aber niemals durchführen wird. Vor allem in westdeutschen Kleinstädten berlinen Tausende Nochnicht-DJs, Beinaheschriftsteller, Fastfotografen und Vielleichtschauspieler unter großer Belastung ihres sozialen Umfelds. Pünktlich mit dem Eintritt in das vierte Lebensjahrzehnt verliert das Berlinen den Charme des Träumers und bekommt eine tragische Komponente. Die seltenen Fälle, in denen ein langjährig berlinender Mensch doch noch seinen Job kündigt und seine ersten Versuche als Regisseur auf Youtube einstellt, gehören zu den eindrücklichsten Selbstdemontagen der Spezies Mensch überhaupt; nur noch vergleichbar mit der Partnersuche in Irish Pubs oder auf XING.

HAMBURGEN

Hamburgen bedeutet, ständig zu betonen, wie unprätentiös, understatend und dezent man ist. Hamburger selbst hamburgen seltener als zugezogene Wahlhamburger. Vermutlich, um ihre glänzende Unprätentiösität, ihr strahlendes Understatement und ihre großartige Dezenz angemessen darzustellen.

VORBAYERN

Jemandem etwas vorbayern heißt, jemandem die wunderbaren Vorzüge des Freistaats in einem Vortrag nahezubringen. Auch, wenn diese fast sämtlich längst Vergangenheit oder vergangenheitsfixiert sind: von Neuschwanstein bis Franz Josef Strauß, von der Oktoberfesttradition bis zur CSU. Mir warn mir, aber damit ist es vorbayern.

HESSEN

Wie hassen, nur im Internet.

VERBREMEN

Wer sich verbremt, steigert sich in irgendetwas völlig hinein, zum Beispiel Fußballfantum, weil er sonst kaum etwas hat. Typische Anzeichen des Verbremens sind:

• *Das eigene Wohlgefühl vollständig von etwas abhängig zu machen, das man nicht beeinflussen kann.*

• *Die absurde Überhöhung in das Objekt der Verbremung.*

• *Höchste Gereiztheit bei Kritik gegenüber dem Objekt der Verbremung.*

ANPFALZEN

Eigentlich ist es in Deutschland eine Schande, dass man jedes Allerweltsgemüse anpflanzt und für Wein nur das gleiche profane Wort übrig bleibt. Zu Ehren von Rheinland-Pfalz und seinen hervorragenden Weinanbaugebieten von Rheinhessen über Mosel bis Pfalz könnte, nein, sollte man deshalb in Zukunft sagen: Pflanzen pflanzt man an, Wein dagegen pfalzt man an.

SACHSEN

Die Mischung aus sagen und glucksen heißt sachsen. Am Wort sachsen selbst kann am besten spüren, wie es sich anfühlt und anhört. Dazu beginnt man das «s» mit der Zunge vorn am Gaumen zu bilden, das «a» öffnet den Mund und hinterlässt die Zunge dort freischwebend, wo sie etwas unschlüssig bleibt, bis sie zeitgleich mit dem unbedingt zu verschluckenden «ch» bis tief in den Rachen hinabfährt. Dort macht sie überrascht von ihrer eigenen Reichtiefe eine Kehrtwende, um mit dem erneuten «s» wieder an die Zähne geschleudert zu werden. Im Ausklang fließen «e» und «n» vom Zungentanz vernuschelt mit hinaus. Diese Achterbahnfahrt der Zunge – von den Zähnen in den Rachen und zurück – verursacht beim Sprechen genau das Glucksen, das man sachsen nennen kann. Muss.

HOLSTEINEN
Aus ohnehin nicht vorhandenen besonderen Merkmalen dann auch nichts machen. Könnte auch holstricken heißen.

BRANDENBURGEN
Aus völlig anderen Gründen liebenswert sein, als man selbst glaubt.

SACHSEN-ANHALTEN
Was für ein Wort kann man aus einem Bundesland gerinnen lassen, das sich im Landesmotto («Land der Frühaufsteher») mit dem Aufstehen im Morgen-Grauen rühmt, statt sich dafür zu entschuldigen? Eigentlich keins, schon zur Strafe. Aber wenn man beim Reden vor Freude sachsen muss, dann wird man unter notorisch schlecht gelaunten Frühaufstehern damit aufhören, also das Sachsen anhalten.

SAARLANDEN
Am Rande des Geschehens unauffällig, aber zielstrebig und unbeirrt vor sich hin arbeiten – und dann eine saubere Punktlandung hinlegen. Die auch am völlig falschen Ort sein kann. Aber das ist eben die mögliche Kehrseite des Vorteils, wenn man nicht unter der Beobachtung aller steht.

NIEDERSACHSEN
Wie sachsen, nur tiefer.

THÜRINGEN
Wenn man auf seine Andersartigkeit abwechselnd stolz ist und sich schämt. Manchmal auch gleichzeitig. Es besteht eine gewisse Gefahr der Selbstzufriedenheit. «Du thüringst» muss als liebevoller Vorwurf an das unsichere Wesen verstanden werden, dessen Widersprüchlichkeit in den guten Momenten interessant ist, aber in den unguten nervtötend.

HERVORPOMMERN
Aus einer eigentlich schwierigen Lage dann aber noch das Beste herausholen.

WÜRTTEMBERGEN

Das bisher tief vergrabene, für
Unbeteiligte recht überraschende
Wutpotenzial bergen.

DIE ZEHN VERSCHIEDENEN PALIEN DES MODERNEN LEBENS

S

prache lebt. Schon, weil ständig neue Worte (sic!) und Wendungen dazukommen, um neue Erfindungen und Entwicklungen zu beschreiben. Die Sprache verändert sich, und zwar in den allermeisten Fällen zum Guten. Es kommen nicht nur neue Worte dazu, alte sterben auch ab. Nicht, dass es schade wäre um Begriffe, die zu Recht längst ausgestorbene, minderleistungsfähige Kulturtechnologien beschreiben. Es ist völlig angemessen, dass heute niemand die dipolige Flirrnadel der frühen Magnetbandlesegeräte kennt. Manchmal vertrocknen aber auch Worte und Wortgruppen, die unbedingt erhalten werden müssen. Eines der wunderbarsten Beispiele sind die Palien.

Im Sprachgebrauch übrig geblieben ist heute nur noch die Lappalie, dabei ist kaum bekannt, dass es ursprünglich viele verschiedene Palien gab. Die Lappalie selbst stammt vermutlich von der Kreuzung der beiden Worte läppisch und Palie. Palie bedeutet ursprünglich ungefähr Egalheit, etymologisch lässt sich der Wortstamm wohl auf παλιά (palia – alt) zurückführen. Die heute uncharmant erscheinende Gleichsetzung von alt und egal könnte aus der Zeit stammen, in der es im alten Griechenland in erster Linie um Kampffähigkeit ging. Im Sinn von Egalheit müssen auch die folgenden Palien verstanden werden, die das schöne Konzept der Palien – die einst in unterschiedlichen Zusammensetzungen verwendet wurden – ins 21. Jahrhundert transportieren.

PLAPPALIE

Die dahergeplapperte Egalheit, die völlig unwichtige Äußerung. Eigentlich sind 90 % der Kommunikation Plappalien, bei einigen sogar 100 %. Die Klage gegen einen privaten Radiosender, der mit einem Plappalien-Anteil von 104,6 % im Programm warb, wurde erstinstanzlich abgewiesen, weil es sich um eine nachweisbare Tatsachenbehauptung handelte.

FRAPPALIE

Eine schockierende oder schockierend formulierte Lappalie, deren starrmachende Wirkung aber so schnell nachlässt wie das eingebildete Koffein in einem schonend veredelten Erdbeer-Frappuccino Decaf Macchiato.

KNAPPALIE

«Willst du gelten, mach dich selten», «Was rar ist, ist teuer». Aber manches ist auch völlig egal, obwohl es nicht häufig vorkommt: Knappalien.

DRAPPALIE

Irrelevante, draufdrappierte Dreingabe.

SCHNAPPALIE

Vermeintlich schnappenswertes Gut, das sich dann doch recht schnell als egal entpuppt. Auch als Schnäppchen bekannt. Mehrere TV-Sender verkaufen rund um die Uhr Schnappalien, deren Schnappcharakter sie durch absurde Countdowns betonen.

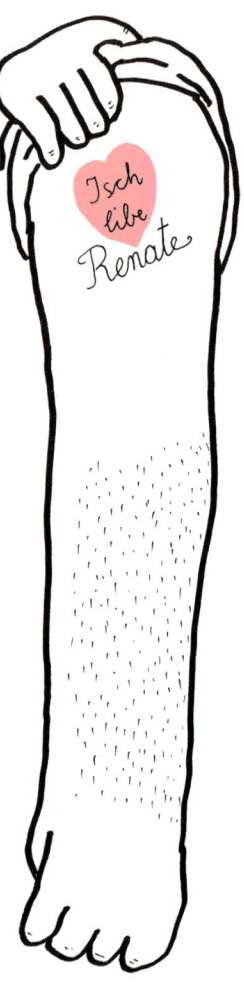

BLAPALIE

Gibt es etwas Egaleres als belanglose Worte?

ZAPPALIE

«Es kommen nur Zappalien im Fernsehen», dann kann man auch gleich wieder ausmachen oder den Ton leise und vor der Glotze mit dem iPad Traumreisen googeln, die man sich nicht leisten kann.

SCHMAPALIE

Wenn eine Lappalie, also eine läppische Egalheit, nochmal das Krönchen der vollständigen, nachhaltigen und absoluten Totalirrelevanz aufgesetzt bekommt, also so egal ist, dass sogar das Egale dagegen wichtig aussieht – dann spricht man von einer Schmapalie. Wenn man dann überhaupt noch wach ist.

SCHLAPPALIE

Egal und kraftvoll – das kann man eventuell noch respektieren. Die gesamte Heavy-Metal-Subkultur der heute Sechzigjährigen geriert sich zum Beispiel mit viel Energie, aber außerhalb der Gebrauchtharleykäufer-Szene würde drei Jahre lang niemand merken, wenn Heavy Metal verboten würde. Es ist also kraftvoll und egal. Schlappalien allerdings, egal und gleichzeitig schlapp, das ist nun wirklich der neunte Kreis der Egalhölle nach Dante.

MAPALIE

In Zeiten, wo schon jeder Leicht-
vernetzte mit zwei bis fünf naviga-
tionsfähigen Geräten aus dem
Haus geht, lassen sowohl der Wille
zur ortskundlichen Vorbereitung
einer Reise wie auch die allgemeine Orientierungsfähigkeit deutlich
nach. Manchmal geht das schief.
Aber in den meisten Fällen handelt
es sich bloß um eine mit Google
Maps leicht lösbare Mapalie.

SCHATTENWORTE

A

ngefangen hat vielleicht alles mit dem Pinöppel. Pinöppel ist kein echtes Wort, aber da waren dieser schönklingende Begriff und dieses winzige Nuppelchen ohne Namen. Sie fanden zusammen, und heute sind Pinöppel aus unserem Leben nicht mehr wegzudenken. Pinöppel werden an den unterschiedlichsten Orten eingesetzt, vom Ohrstöpsel des Kopfhörers einmal quer durch die Welt der Technologie bis wieder zurück zum anderen Ohrstöpsel des Kopfhörers.

Heute prägt die Pinöppel-Industrie vom iPhone bis zur Autoarmatur den Alltag der Menschen auf der ganzen Welt. Es kann nicht mehr lange dauern, bis Aktienfonds wie «Emerging Pinöppel Industries» aufgelegt werden. Von Worten wie Pinöppel, ursprünglich ohne Bedeutung, gibt es noch mehr. Die meisten sind aber noch auf der Suche nach ihrem Sinn.

Das schöne Wörtchen bausteln zum Beispiel lag jahrelang unbenutzt in der Gegend herum. Erst 2009 kam eine Herde junger Nerds in Berlin darauf, dass man bausteln als Mischung

aus bauen und basteln gut verwenden kann, um technikbegabten jungen Leuten zwischen Lötkolben und Computer eine attraktiv klingende Beschäftigung zu verschaffen.

Es folgen noch weitere, bisher unbenutzte Worte der deutschen Sprache. Manchmal sind Andeutungen und Anmerkungen zu potenziellen Betätigungsfeldern ergänzt, aber prinzipiell herrscht bei neuen Worten der Grundsatz:

WER ES ZUERST AM LAUTESTEN SCHREIT, HAT SICH DIE DEFINITIONSHOHEIT VERDIENT.

SCHMACKEN

Irgendwo zwischen Geschmack und dem englischen «smack», was gleichzeitig ebenfalls Geschmack und aber wunderbarerweise auch eine scheuern bedeutet, müsste das deutsche Verb schmacken angesiedelt sein. Nicht ohne Charme ist auch die nebengleisige, weil umgangssprachliche Ebene, die durch die Wendung «mit Schmackes» entsteht. Wenn man nur ein bisschen googeln würde, erwiese sich diese Formulierung sicher als jiddisch und wäre bestimmt auch für die englische Bedeutung verantwortlich. Was es nur noch interessanter macht, endlich «ich schmacke, du schmackst, er sie es schmackt» mit Leben zu füllen. Ein neues, erfundenes Wort mit Geschichte quer durch Europa – ideal für Einsteiger und Angeber.

KLÜMME

Von 100 Passanten in einer durchschnittlichen bundesdeutschen Fußgängerzone würden mindestens 85 bei ihren Lebenspartnern schwören, dass es das Wort Klümme längst gibt und sie die Bedeutung bloß gerade vergessen haben. Gibt es aber nicht, acht Googletreffer und alle entweder Verschreiber oder lautschriftliche Versuche plattdeutscher Internetuser. Aber was könnte Klümme heißen? Es böte sich an, der Weisheit der Massen zu folgen. Einfach in besagter Fußgängerzone mit warnendem Unterton laut schreien: «Vorsicht, die Klümme!» **An der Reaktion der Leute – schauen sie nach oben oder nach unten, springen sie beiseite, schauen sie prüfend in die Runde oder suchen** im Getümmel nach Bewaffneten – kann man ablesen, wonach sich Klümme ungefähr anhört, wenn es drauf ankommt. Diese Methode verfeinert man in Umfragen («Was ist besser – Holzklümme oder Steinklümme?») immer weiter, bis herauskommt, was Klümme sein soll. Der leicht norddeutsche Klang mit nautischem Subsound könnte etwa auf ein Gerät hindeuten, das auf Fischkuttern zum Einholen von Rundnetzen verwendet wird. Vielleicht verliert die Klümme in den nächsten Jahren mit dem Siegeszug der Industriefischerei bereits kurz nach ihrer Wortgeburt schon wieder ihre Existenzgrundlage. Aber es würde sich gelohnt haben.

GRAUFE

Es müssen auch hässliche Worte neu erfunden werden, um den schönklingenden einen sprachlichen Hintergrund zum Abheben zu gewährleisten. Graufe wäre ein solches Wort, «gr» zu Beginn, grau in der Mitte, gefolgt von «au», sowie «uf» gegen Ende. Ein Wort aus solchen Bausteinen gewinnt in diesem Leben keinen Preis der deutschen sprachästhetischen Gesellschaft und wird auch nicht Nachfolger von «Habseligkeiten», dem angeblich schönsten deutschen Wort. Und doch sollte es Graufe geben, gerade weil es so unschön anmutet. Denn eine der großen Schwächen der Wortneuerfindung ist die Vorauswahl, die nichts weniger als worteuthanasisch ist. Nur schöne Worte werden heute noch neu erfunden. Begriffe wie glupschig oder Mettwurst können froh sein, dass sie schon länger mit dabei sind. Heute zählt nur noch das

Äußere, sie würden gnadenlos aussortiert. Graufe könnte entweder eine heimtückische Haustierkrankheit sein, Staupe und grauer Star lugen hervor. Oder Graufe ist eine besondere Schieferart, die sich wegen ihrer porösen Konsistenz und der Schmutzfarbigkeit nicht dazu eignet, die Designerküchen von Schwarz-Grün-Wählern zu verzieren. Graufe könnte neu aber auch ein bereits veralteter Metallscheideprozess in den Hochöfen des frühen 20. Jahrhunderts sein, unter Zuhilfenahme von Wasser aus Hochdruckdüsen. Das wäre bewundernswerte Antizyklik: ein neues, hässliches Wort erfinden für etwas, was es schon gar nicht mehr gibt.

QUATTE

Quatte ist ein Wort mit großem Potenzial. Es spricht sich schnell, sieht authentisch aus und gibt wegen des Q am Anfang irre viele Punkte beim Scrabble. Etwas problematisch erscheinen jedoch die Einflüsse: zentral stehen sowohl Qualle wie

auch Quattro im ersten Haus, Aszendent ist die Kumquat. Im zweiten Haus finden sich Watte und Quark, und jetzt wird die Ausdeutung schon so schwer, dass wohl mehr Wortstaat zu machen ist mit einer klangkonträren Bedeutung. Wie wäre es etwa als Bezeichnung für den dunkelgrauen Schneematsch, der februars nochmal friert und wie eine ekelhafte Quatte an den Rändern der Fahrradwege die Welt für drei Frostwochen dööfer sein lässt?

SAPF

Kurze Worte gibt es zu selten. Wie viel Zeit und damit gesamtgesellschaftlich gesehen Geld könnte man sparen, wenn zum Beispiel die Pendlerpauschale einen kürzeren Namen hätte? Man spart eine halbe Sekunde, wenn man Sapf statt Pendlerpauschale sagt. Der durchschnittliche Kostensatz eines arbeitenden Bundesbürgers beträgt 82 Euro je Stunde. Bei 7.200 halben Sekunden pro Stunde ergibt das eine volkswirtschaftliche Kostenersparnis von immerhin 0,011 Euro oder 1,1 Eurocent je ausgesprochene Sapf. Laut Berechnungen des SPIEGELs vom Oktober 2008 kostet die Pendlerpauschale den Staat 2,5 Milliarden Euro jährlich. Das bedeutet: Das Wort Sapf müsste statt Pendlerpauschale etwa 227 Milliarden Mal im Jahr ausgesprochen werden, das macht für jeden Bundesbürger 2.768 Mal jährlich oder siebeneinhalb Mal am Tag – dann wären allein durch die Wortverkürzung die Kosten für die Sapf wieder hereingeholt. Worauf wartet Deutschland?

LINGEL

Nach dem großen Erfolg des Schlingels ging die Fachwelt lange Zeit davon aus, dass auch der benachbarte Lingel recht schnell seinen Platz finden und irgendwas bezeichnen würde. Aber auch die Fachwelt täuscht sich manchmal, Bezeichnung um Bezeichnung ging am Lingel vorbei. Der Lingel wurde alt, bekam eine störrische Note – vielleicht dem Namenshalbvetter Theo Lingen geschuldet –, und heute heißt Lingel immer noch nichts. Sprachgeschichtlich böte sich ein Engagement im esoterischen Rotlichtbereich an, in der Ursprache Sanskrit gibt es den Lingam, den Penis (im Gegensatz zur Yoni, der Scheide). Ein anderes Einsatzfeld für den Lingel könnte bei einer Geschlechtsumwandlung in «die Lingel» eine Anlehnung an die Klingel sein, etwa als besonders weich tönendes, klangerzeugendes Zubehör für Fahrräder. Zur liebevollen Beschimpfung, der Lingel als Ergänzung zum Schlingel, scheint der Zug jedoch abgefahren.

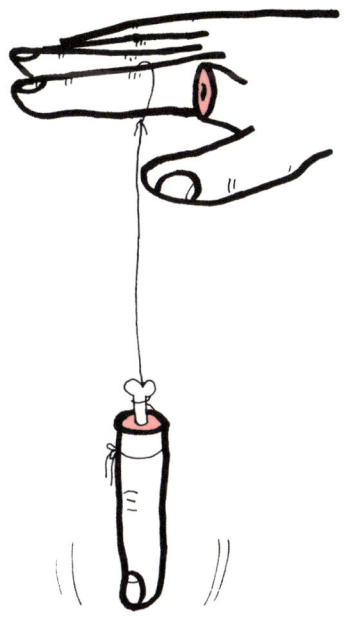

SENKFINGER

Neue Worte müssen ja nicht immer vollkommen neu zurechtgeschmirgelt sein, es können ja auch gut zwei bekannte Worte geschmeidig zueinandergesetzt werden. Die schabernackige Kunst wäre dann, ein zusammengesetztes Wort zu finden, das sich im besten Fall so anhört, als existierte es längst – das aber in Wahrheit noch völlig unbefleckt ist. Wie zum Beispiel Senkfinger. Weder Breitmeyers Wortverzeichnis noch das letzte, jemals erschienene Köhler'sche Kolossal-Kompendium (Köln 1963) listen den Senkfinger auf, im Internet ist er ebenfalls nicht zu finden. Und doch hört sich der Senkfinger an wie ein einfaches, aber gewitzt konstruiertes Gerät, das es längst gibt. Man bindet den Senkfinger an eine Fallschnur, lotet sie senkrecht in eine Grube hinein und zieht mit der Klümme das stumpfe Ende des Senkfingers bis zum Anschlag nach unten. Fertig.

NEON-
LESERKAPITEL

D

IE GROSSARTIGEN
LESER VON NEON UND
NEON.DE HABEN IN
MÜHEVOLLER
KLEINSTARBEIT NEUE WORTE
UND IHRE BEDEUTUNGEN
ENTWICKELT. DIE SUBJEKTIV
BESTEN DER FAST
1.000 EINSENDUNGEN
SIND HIER ABGEBILDET,
DARUNTER AUCH
DOPPELBEDEUTUNGEN,
WEIL EINIGE WORTE OHNE
INHALT VORGEGEBEN
WURDEN. OBWOHL ES REIN
RECHTLICH PRAKTISCH
NICHTS BEDEUTET, KANN
SICH ZWECKS ANGEBEREI
ODER
LEBENSLAUFPIMPUNG
JEDER DER HIER
ABGEDRUCKTEN
WORTERFINDER NUN
«VERLAGS-
VERÖFFENTLICHTER
WORTAUTOR» NENNEN.

UNTERBLICK

Unterblick, der: Wie der Unterton, nur im Gesichtsausdruck, im Blick eines Menschen, der gerade etwas sagt oder eine gewisse Mimik hat, mit einem Unterblick, der etwas anderes meint. *Alex Seifert*

BLOCHEN

Vornehmlich von selbstdeklarierten Kochexperten mit neustem AEG-Schnickschnack verwandter Ausdruck, der benutzt wird, weil sie eigentlich noch nicht einmal den Unterschied zwischen «Blanchieren» und simplem «Kochen» kennen. «Wie wurde denn die Zuckerschoten zubereitet?» «Ich habe sie … geblocht.» *Alwina Bredler*

IRROGANZ

Irroganz ist das Subjekt für einen Menschen, der eine perfekte Mischung aus Ignoranz und Arroganz besitzt! *Christina Pietropaoli*

INSBIERIERT

Man ist insbieriert, wenn man seine eigentlichen Pläne beim Anblick eines Bieres plötzlich ändert. *Anne Lohrer*

REALDEN

Kurzform von real reden: Face-to-face-Gespräch ohne (!) technische Hilfsmittel wie FaceTime, Skype o. Ä. *Sabina Hauers*

FRESSBOOKEN

Fotos von Speisen, entweder selbst zubereitet oder in einem fancy Restaurant bestellt, auf Facebook veröffentlichen. *Lisa Kreuter*

ANTITTEN

Antitten bedeutet, jemand anderen an die Brust zu fassen. Das passiert häufig unabsichtlich, wenn man mit viel Gestik und Mimik spricht. Dabei holt der Redner so weit mit den Armen aus, dass die nebenstehende Frau an ihrer Brust berührt wird. *Charlott Richter*

REINGOTTEN

Das Synonym für ‹einmischen/beeinflussen›. Bildet sich aus ‹rein/hinein› und ‹Gott› = zu seinem eigenen Vorteil in irgendetwas reinpfuschen und es beeinflussen. «Mein Chef kann das Reingotten in meine Arbeit nicht lassen.» *Victoria Krüger*

SCHMERFEN

Schmerfen beschreibt den Vorgang eines sich mit Lippenstift schminkenden Menschen, der unmittelbar nach dem Auftragen von selbigem die Lippen über die Zähne und ein

Stück Papier zwischen die Lippen legt, um die überschüssige Farbe «abzuschmerfen». *Melina Loschen*

OBARN, UBARN
Laut Duden sind «Nachbarn» Menschen, die in der Nähe wohnen. Nimmt man das Wort in den Mund, glaubt aber automatisch jeder, es handele sich um diejenigen nebenan. Oft muss man aber auch über die Leute sprechen, die über oder unter einem wohnen (und oft ziemlich viel Lärm machen). Und dann holt man notgedrungen zu umständlichen Konstruktionen aus, wie «meine Nachbarn, also die, die über mir wohnen», beispielsweise. Wie wäre es stattdessen mit «Obarn» für jene von obendrüber und «Ubarn» für jene untendrunter? Wesentlich einfacher. Mehr «Zwischen Menschen» geht nicht. *Katja Schönherr*

BRÖTCHENWATTE
Das Innere eines Brötchens, quasi der Klumpen, den man rausholt, bevor man das Brötchen schmiert, das ist Brötchenwatte.
Claudia Benning

SCHNICE
Als Mischung zwischen schön und nice sowohl als Germanist wie auch Anglizismen-Befürworter zu benutzen. Dabei aber viel geschmeidiger auf der Zunge und durch weitere Spannbreite immer passend.
Sinja Friedl

ERSATZKLAFFE
Ein Ersatzklammeraffe. Sozusagen ein Ersatz für einen ehemaligen

Partner. Beispiele für einen Ersatz-klaffe sind Verehrer und Fans im realen Leben sowie auch Follower in virtuellen Welten. *Till Staschik*

FACELOOK
Facelook beschreibt, wie der Name schon sagt, den Look, den einige Personen auftragen, um ein halb-wegs ansprechendes Profilbild in einem einschlägigen sozialen Netz-werk zu erstellen. *Marvin Fehst*

AUSBOOKEN
Als «ausbooken» bezeichnet man den Zustand des Entzugs von sozia-len Netzwerken, vor allem Face-book, zu dem es manchmal kommt, sei es durch Internetsperre, Urlaubs-ort ohne Internetcafé oder Ähn-liches. Dabei sind Entzugserschei-nungen wie nervöse Zuckungen oder der krankhafte Blick auf das nicht internetfähige Handydisplay nicht auszuschließen. *Jana Vogt*

OTTSELN
Beim «Ottseln» befreit man sich aus einer prekären, höchst unangeneh-men Gesprächssituation zwischen zwei Liebenden durch (otterschlau-es und wieselflinkes) Ablenken von der jeweiligen Problematik. So bekommt man noch im letzten Mo-ment «die Kurve» und umgeht einen ausufernden (Beziehungs-)Streit. *Daniel Meyer*

GOTTSCHLEICHER
So bezeichnet man die Menschen, die einen auf offener Straße anspre-chen, um über Gott und die Welt zu reden. Ziemlich nervig auch, wenn

diese sogar an der Haustüre klingeln, am besten sonntags um halb neun. *Isabela Sandrock*

BLOCKDICHT
«Blockdicht» ist eine Person, die bei einem Web- oder Internet-Service (beispielsweise Twitter) total viele Accounts und/oder Sachen weg-blockt. *Luka Lüdicke*

HITLERVENTILIEREN
Stark übersteigerte Reaktion auf Reiz-worte und Provokationen im Zu-sammenhang mit dem dunkelsten Kapitel deutscher Geschichte (Bsp.: «der ARD-Programmbeirat hitler-ventilierte bis in die frühen Abend-stunden»). *Stefan Mantei*

FROSTERN
Dieser Begriff resultiert nicht, wie man möglicherweise denken könn-te, aus der schlechten Aussprache der Floskel «Frohe Ostern», sondern er beschreibt einen sehr kalten Ostersonntag, an welchem man bei eisigen Temperaturen morgens um acht Uhr durch den Garten pirscht und Ostereier sucht. *Marvin Fehst*

EINFOLEN

«Einfolen» ist ein Verb und beschreibt die
Tätigkeit, wenn man Frischhaltefolie über
Nahrungsmittel zum Frischhalten anbringt.
Verwendungsmöglichkeit: «Ja, Mama, ich
hab den Salat schon eingefolt!» *Vivian Bernt*

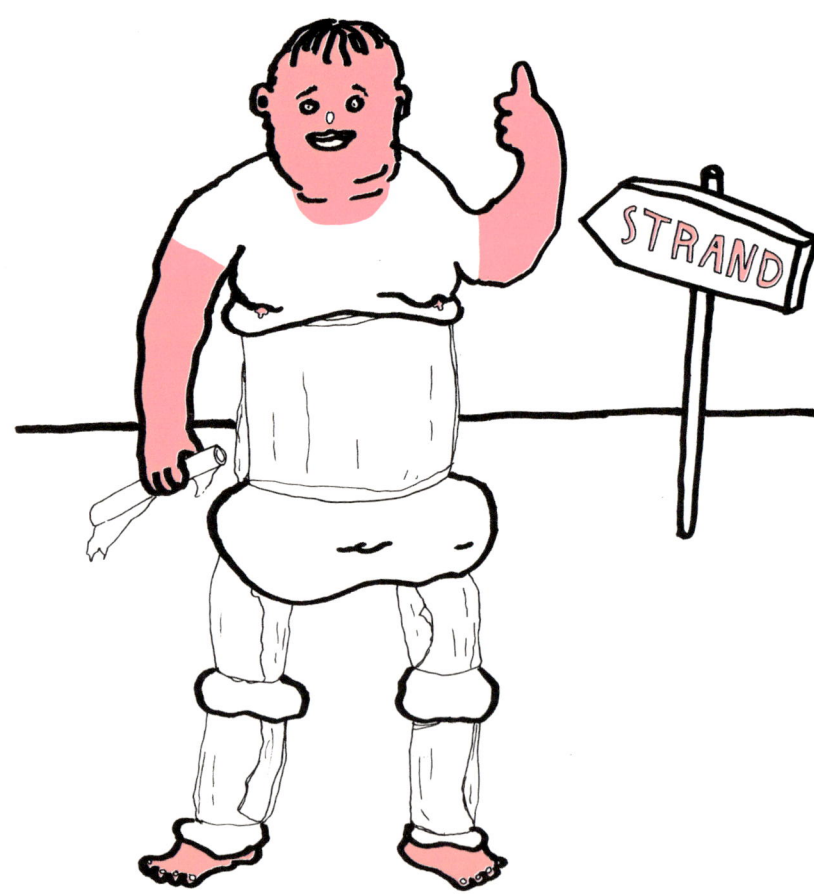

BETÜGEN

Betügen ist, wenn man während eines sehr turbulenten Fluges anfängt zu beten, obwohl man überhaupt nicht gläubig ist und sich so somit selbst belügt. (beten-lügen=betügen)

Marion Langer

iSPRUNG

Ein iSprung ist ein Sprung im Display eines beliebigen Apple-Gerätes.

Michael Mayer

KLOPIEREN

Wenn ein Prüfling während der Klausur auf die Toilette geht und dort mit seinem Smartphone die Lösungen im Internet sucht, dann nennt man das: klopieren.

Ole Siemen

LEUTERN

Das Ad-hoc-Typisieren/Kategorisieren von Menschengruppen auf twitter oder ähnlichen Ich-teil-mich-mal-eben-mit-Plattformen. Der/Die (Leuter)-er/-in erreicht mit diesem Vorgehen eine Temporärbalkanisierung, die zumindest kurzfristig der gefühlten Verkleinerung der empfundenen Gruppe und damit der Stärkung des Gemeingefühls innerhalb der virtuellen Peergruppe dienlich ist. Weniger häufig wird (Leutern) auch genutzt, um versteckte Kritik an unliebsamen Followern zu üben oder um nicht tweetgerechte Geschichten in ein 140-Zeichen-Posting zu pressen. Typische Beispiele:
* «Leute, die mit Alnatura-Tüten im Penny einkaufen»,
* «Leute, die die Plastik-3-D-Brillen aus dem Kino auf der Straße tragen»,
* «Leute, die jedes Mal hupen, wenn sie vom Hof fahren»,
* «Leute, die ewig auf demselben Thema rumreiten»,
* «Leute, die Leute auf twitter leutern.»

Konrad Feldmeier

KLAFFE

Die Tasse Kaffee, die man dem Kollegen klaut, weil sie die letzte ist und er gerade von seiner Schwiegermutter am Telefon aufgehalten wird.

Marco Miethe

KLAFFE

1. Das Geräusch, das entsteht, wenn man sich morgens im Café mit dem Mund voller Sandwich Kaffee auf die Hose kippt. («Ma klaffe!»)
2. Jenes, das bei dem Konsum von Omis handgemahlenem Kaffee morgens um vier nach einer durchzechten Nacht entsteht, wenn man eigentlich ‹Klasse Kaffee› sagen will.

Jannis Wegmann

KLAFFE

«Klaffe» ist die vereinfachte Zusammensetzung aus zwei Worten: Klammer und Affe. (Das «Ätt»-Zeichen: @)

Ordo (aus Hamburg)

KNUSPRIZITÄT

Knusprizität f. (die), bezeichnet den Frischegrad eines Salz- oder Süßgebäckerzeugnisses.

Till Staschik

KRAWALLIÖS

Krawalliös ist jemand, der andere Menschen auf charmante Art beleidigt und die Umstehenden damit zum Lachen bringen kann.

Nora Ritzschke

KOMPLIMIERT

Komplimiert wird man, wenn man ein Kompliment erhalten hat. Bsp.: Heinz sagt Ute, dass sie ein schönes Kleid hat. Ute erzählt ihrer Freundin Heike, dass Heinz ihr Kleid komplimiert hat. *Denise Furtenhofer*

VERKNÖRZUNG

Verknörzung, die: schmerzhafte Verspannung im Rücken, Schulter- und Nackenbereich, die meist aufgrund von Überanstrengung auftritt, aber auch oft von überlanger Computerbenutzung herrührt. Mehrzahl: die Verknörzungen. Auch zu benutzen als Verb: «Ich habe mich verknörzt.» Bei Abhilfe und Gegenmaßnahmen wie z.B. der Verabreichung einer Massage wird in diesem Zusammenhang auch von einer «Entknörzung» gesprochen. *Jule Grasz*

ÜBERFRÜHTLING

Das Wort beschreibt die Situation, wenn es eigentlich Frühling ist, aber dann die 25-Grad-Marke geknackt wird. Wie z.B. dieses Jahr in der Karwoche. *Nicole Prehn*

VERSCHMECKELN

Den Geschmack im Mund verändern. Beispiel: «Möchtest du mal etwas von dem Käse hier probieren?» – «Nein danke, ich möchte mir meine Lieblingsleberwurst nicht verschmeckeln!» *Wiebke Seelhöfer*

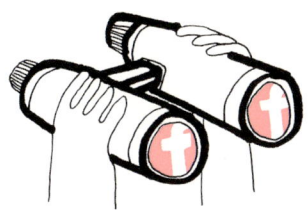

AUSBOOKEN

Tätigkeit: Der Ausbooker verhält sich ähnlich wie ein Stalker. Nur teilweise ohne sein Gegenüber jemals live gesehen zu haben. Ausbooken als Tätigkeit funktioniert nur über Facebook oder ähnlich soziale Netzwerke. Die Person, welche «ausbookt», beschäftigt sich den gesamten Tag mit dem einen oder mehreren Internetprofilen seiner Angebeteten. Zusätzlich dazu, dass er jedem Eintrag z.B. wie im Falle Facebook mit gefällt mir zustimmt, werden auch in regelmäßigen Abständen Beiträge kommentiert und Beiträge auf anderen Profilen kommentiert. Der «Ausbooker» ist der heimliche Verehrer der Internetzeit. Ausbooken gehört zu seinem Leben wie Luft zum Atmen.

Kathi Goldenhaus

REINGOTTEN

«reingotten» ➔ wenn jemand anderen Leuten Vorschriften zu deren Verhalten machen will, z. B. ein Tanzverbot erlässt und mit Strafandrohungen verbindet, und das mit Gott zu begründen versucht, wie z. B. der Ordnungsdezernent der Stadt Frankfurt am Main. Anwendungsbeispiel: «Stadtrat Stein kann das Reingotten einfach nicht bleibenlassen.»

Peter Jung

BIOKRATIE

Ist eine Sache biologisch, so ist sie biokratisch korrekt. Biokraten sind längst schon von den herkömmlichen Biofanatikern abzugrenzen, ihnen gehört diese ganz eigene Bezeichnung.

Emily Mahringer

SOLORBEEREN

Solorbeeren ist eine Wortkreation, bestehend aus zwei Worten: Solo und Lorbeeren = Solorbeeren. Solorbeeren sind einfach die zu erntenden Lorbeeren, die man von einem selber bekommt, weil man seiner eigenen Meinung nach richtig gehandelt hat oder sich einfach mal zwischendurch belohnen möchte, z. B. wegen einer bestandenen Prüfung etc. (Nur mit Worten! Keine sachliche Belohnung!) Solorbeeren gibt es auch als Verb: solorbeeren (ich solobeere, du solobeerst …) ➔ sich selbst loben

NEON.de-User: Effektiva

RUMPILLERN

Leute, die «rumpillern», bewegen sich meist in Shoppingmalls oder Fußgängerzonen so, dass sie langsam, andere behindernd, unüberholbar durch die Gegend schlendern und Nachfolgende, die es eilig haben oder nur zielstrebig irgendwohin möchten, zum Wahnsinn treiben. Gerne auch umschlungene Paare oder ältere Leute. *Ulli Deussen*

INTERNUT

Abgeleitet von ‹to go nuts› (engl.: verrückt werden/-spielen), ein User, der seine Zeit völlig sinnlos online verbringt und alles nur mal zum Selbstzweck ausprobiert. Im

Gegensatz zum Internetsuchti allerdings jmd., der sich online wirklich auskennt.   *Michelle Babatsikos*

POLITIEREN
Wenn eine Partei im Wahlkampf mit allen Mitteln versucht Wähler auf ihre Seite zu ziehen. Die Partei schickt ihre Spitzenpolitiker vor, um Wähler zu politieren. Die Politierten geben die Meinung der Politiker ungefragt wieder und stimmen in allen Punkten mit ihnen überein.
Jonas Duscher

WINTERZART
Winterharte Pflanzen kennt man ja – doch was ist, wenn man das Prinzip auf Menschen überträgt? Manche Menschen sind im Winter besonders der Zuneigung anderer bedürftig. Sie sehnen sich nach Licht und suchen den Ersatz in Zärtlichkeit und Liebe. Diese Menschen sind winterzart.   *Sven Döring*

REISOTHEK
Reisothek = der Grundbestand an Dingen, die auf jede Reise mitkommen und deshalb möglichst schon vorrätig in jeder Reisetasche lagern, um im ‹Reisefall› nicht vergessen werden zu können. Das Wort leitet sich von der klassischen Reiseapotheke ab. Diese beinhaltet ausschließlich Medikamente und entsprechendes Zubehör/Hilfsmittel (z. B. Pflaster, Kühlgelkissen usw.), wohingegen die Reisothek mit Produkten aus den unterschiedlichsten Bereichen bestückt sein kann. Je nach den persönlichen Anforderungen können die Inhalte von Reisotheken daher stark variieren. Wichtig: Alle enthaltenen Dinge müssen den Einfuhr- und Zollbestimmungen des jeweiligen Zielorts entsprechen, sonst ggf. bei Ankunft alles scheiße.
Steffi Amthor

LIBIDOJÀ-VU
Der peinliche Moment, in dem man einen One-Night-Stand auf einer Party (oder sonst wo) trifft, von dem man gehofft hat, dass man ihn/sie niemals wiedersieht.
Manuel Haemer

LEBENSLAUFLAMETTA
Ein Praktikum, eine Konferenz oder ein ehrenamtliches Engagement, für das man sich nur deshalb Zeit nimmt, weil es gut im Lebenslauf aussieht, ohne dass man tatsächlich an dem interessiert wäre, was man dort tut. (NB: die Dreifach-Alliteration!)   *Hannes Klöpper*

SCHMERFEN
Schmerfen … ist eine Kombination aus SCHMERzen, welche einem durch die Liebe zugeführt wurden à la Herzschmerz, und wegwERFEN … da man sich dann entscheiden muss, das Bisherige wegzuwerfen. Da es einem nicht guttut …
Sina Kuba

TASSOZIAL
Tassozial beschreibt das Verhalten, in Cafés, Cafeterias oder in der Mensa seinen Müll/seine Tassen/sein Geschirr stehen- und liegenzulassen, sodass diese dann von anderen weggeräumt werden müssen, um den Tisch/Stuhl wieder benutzbar zu machen.
Marie Zielinski

HUNDWERKER

Jemand, der die hohe Kunst der Hundeverhaltenstherapie und -erziehung praktisch umsetzt.

Daniel Eppelsheimer

DANKSAGUNG

Privatdank
**Meike, Kai & Irina, Mutter, Vater &
Fabiola, Stefan Niggemeier, Cedric
Ebener, Lukas Imhof, Philip von
Polheim, Kathrin Passig, Wolfgang
Herrndorf, Holm Friebe, Johnny &
Tanja Haeusler, Nadine Freischlad,
Michael Seemann, Astrid Herbold,
Jens Best, Philipp Peitsch, Boris &
Vanessa, Bodo Hasenberg, Bettina
Andrae, Felix Schwenzel, Lukas
Hartmann, Tobi Bauckhage, Jon
Handschin, Holger Schulze, Daniel
Erk, Michael Brake, Mario Sixtus,
Nele Höfels.**

Supergestaltungsdank
Ji-Young Ahn und Frank Höhne

Prodank
**Timm Klotzek, Michael Ebert, Sue
Reindke, Oliver Kucharski, NEON,
neon.de, Thomas Hölzl, Barbara
Laugwitz, Gunnar Schmidt, Wilhelm
Trapp, Alexander Fest, Peter Kraus
vom Cleff,
dem gesamten Spiegel.de-Team.**

Inspirationsdank
Anatol Stefanowitsch
http://www.wissenslogs.de/sprachlog
Tom Hillenbrand
*https://www.facebook.com/
beratersprech*
@der_handwerk
http://twitter.com/#!/Phrasenpranger
@diktator
*http://twitter.com/#!/diktator
(«qwertzu»)*
Detlef Gürtler
http://blogs.taz.de/wortistik
Bov Bjerg
http://twitter.com/bov
Kai Biermann, Martin Haase
http://neusprech.org/